本书的出版受到以下项目资助：

四川省高等学校人文社会科学重点研究基地四川社会治安与社会管理创新研究中心资助项目（项目编号：SCZA23B04）

2022年四川大学研究阐释党的二十大精神专项课题《中华优秀传统文化传承与高校思想政治教育的有机结合研究》（项目编号：esdzx11）

四川大学高等教育教学改革工程（第十期）研究项目《中华优秀传统文化传承与思想政治理论课教学改革》（项目编号：SCU10223）

编委会成员

罗鸿宇　叶　拯　段珂宇　张小艾　杨义珑

高校学生
社团实践
与中华优秀传统文化传播

张 莹 贾瑞琪 胡余龙 雷子慧 编著

四川大学出版社

图书在版编目（CIP）数据

高校学生社团实践与中华优秀传统文化传播 / 张莹等编著． — 成都：四川大学出版社，2023.11
ISBN 978-7-5690-6406-3

Ⅰ．①高… Ⅱ．①张… Ⅲ．①大学生－社会团体－关系－中华文化－文化传播－研究 Ⅳ．① G645.57 ② G125

中国国家版本馆 CIP 数据核字（2023）第 197630 号

书　　名：	高校学生社团实践与中华优秀传统文化传播
	Gaoxiao Xuesheng Shetuan Shijian yu Zhonghua Youxiu Chuantong Wenhua Chuanbo
编　　著：	张　莹　贾瑞琪　胡余龙　雷子慧

选题策划：张伊伊
责任编辑：张伊伊
责任校对：毛张琳
装帧设计：墨创文化
责任印制：王　炜

出版发行：四川大学出版社有限责任公司
　　　　　地　址：成都市一环路南一段 24 号（610065）
　　　　　电　话：（028）85408311（发行部）、85400276（总编室）
　　　　　电子邮箱：scupress@vip.163.com
　　　　　网　址：https://press.scu.edu.cn
印前制作：四川胜翔数码印务设计有限公司
印刷装订：成都金阳印务有限责任公司

成品尺寸：170 mm×240 mm
印　　张：13
字　　数：209 千字

版　　次：2023 年 11 月 第 1 版
印　　次：2023 年 11 月 第 1 次印刷
定　　价：58.00 元

本社图书如有印装质量问题，请联系发行部调换

版权所有　◆　侵权必究

扫码获取数字资源

四川大学出版社
微信公众号

前　言

　　习近平总书记在党的二十大报告中指出，得益于马克思主义在意识形态领域指导地位的根本制度，新时代党的创新理论深入人心，社会主义核心价值观广泛传播，中华优秀传统文化得到创造性转化、创新性发展，文化事业日益繁荣。随着中华民族踏上伟大复兴新征程，弘扬中华优秀传统文化、赋予中华优秀传统文化时代内涵，阐释中华优秀传统文化以增强文化软实力、满足人民美好生活的需求，将中华优秀传统文化转化为实现中华民族伟大复兴、构建人类命运共同体的强大精神力量，成为当代中华儿女的重要使命与担当。高校作为落实立德树人根本任务的重要主体，理应主动积极弘扬中华优秀传统文化。

　　本书的研究就是在这样的背景下展开的。如何发展和创新中华优秀传统文化，将中华优秀传统文化的传承融入思政教育，立德树人，培养中国式现代化建设的精英人才，一直是四川大学深刻关注和聚焦的问题。在学校的支持下，依托文学与新闻学院的强大师资和硬件支持，一支由4位专职教师、5位学生骨干和10余位参与成员构成的团队——"传统文化工作坊"由此成立。"传统文化工作坊"自成立以来，不断指导学生组织开展高质量的中华优秀传统文化实践活动，同时大力推出有关中华优秀传统文化的新媒体产品，并对中华优秀传统文化在学生组织中的实践与传播展开研究。本书系四川大学文学与新闻学院"传统文化工作坊"全体师生通力合作的研究成果。

　　本书旨在以四川大学学生社团开展的中华优秀传统文化实践为切入点，探讨学生社团与中华优秀传统文化相促进，以及与思政教育相融合的未来发展路径。但考虑到高校内学生组织体系太过庞杂，若将所有类型的学生组织聚而谈之，一则无法保证研究材料的全面性和有效性，二则难以确定行之有效且具有实践意义的研究方法。为了保证研究的信度和效度，"传统文化工作坊"的教师与学生骨干选择了中华优秀传统文化类学生社团这一具体的学生组织类型作为研究对象，理由有四：一是编写组成员均有在此类学生社团工作的相关经历，对研究对象的熟悉程度较高；二是此类学生社团往往具有较为清晰的管理结构，更易在校方的帮助下获得全面、完善的经验材料；三是文化类学生社团是学生自发进行中华优秀传统文化实践的主力军，以此类学生社团为研究对象更有利于将研究结论运用到指导学生落实立德树人的自主实践中去；四是因为四川大学与中华优秀传统文化相关的学生社团类型相对全面、实践质量较高，有利于开展深度调研。是故，探究以四川大学为例的学生社团中华优秀传统文化实践现状，总结近年来优秀学生社团中华优秀传统文化实践活动经验，通过科学有效的研究方法评价本校乃至全国高校此类型文化实践的优缺点，从而探索一条可行的基于学生社团实践的中华优秀传统文化传播实践发展道路以补充现有研究视野的不足则成为本书的重要任务。

本书有以下四个创新亮点：一是研究视野的具象化。本书紧扣学生社团中华优秀传统文化实践传播这一议题，围绕立德树人的根本任务，遵循教育教学和学生心理的规律，形成了非常具体的研究视野。二是研究方法的实证化。不同于其他研究以思辨范式为主的特点，本书的研究内容采用解释主义范式，在对46名相关人员进行访谈，形成20余万字半结构化访谈材料的基础上，以扎根理论法进行科学分析与研究，这在其他有关中华优秀传统文化的研究中相对少见。三是研究材料的多样化。除了半结构化访谈材料外，本书还邀请相关学生社团人员填写了编写组自制的中华优秀传统文化实践活动自评表，并援引全校学生社团三年内相关新闻稿作为补充，研究所用到的经验材料逾百万字，确保了研究的可靠性与扎实性。四是研究结论的实践化。本书最终提出了两套可供参考使用的量表，以帮助读者指导相关实践。

综上所述，本书具有丰富的材料来源和严谨的研究过程。同时，编写团队兼顾学术性和通俗性，不仅提出了很多值得思考的话题和建议，也保留了许多轻松有趣的原始记录，以供读者相对轻松地了解整个研究过程。这也赋予了本书较宽的适用范围：既可作为高校共青团干部、从事学生工作的教师、相关学生组织管理者和学生社团负责人的指导用书,也可作为教育部门、高校团委、社区和中华优秀传统文化研究者的参考用书。本书的内容不算多,希望能为读者带来一些帮助和启发。

本书编写组
于成都四川大学江安校区
2022 年 11 月

目 录

第一章 基本概念与政策文件 …………………………………（1）
 第一节 学生社团的历史、定义与特点 ………………………（2）
 第二节 中华优秀传统文化 ……………………………………（8）
 第三节 相关政策梳理与总结 …………………………………（18）
 第四节 评述与展望 ……………………………………………（28）

第二章 中华优秀传统文化传播与高校学生社团实践的逻辑契合
 …………………………………………………………………（31）
 第一节 精神理念契合：中华优秀传统文化作为学生社团实践的
    文化源泉 ………………………………………………（31）
 第二节 发展需求契合：学生社团作为中华优秀传统文化传播创
    新的场所 ………………………………………………（36）
 第三节 功能价值契合：立德树人作为两者兼具的内在功能
  ……………………………………………………………（43）
 第四节 内在驱力契合：趣缘作为两者发展的驱动力量 ………（50）

第三章 高校学生社团的中华优秀传统文化实践 ………………（54）
 第一节 高校学生社团的中华优秀传统文化实践管理制度 ……（54）
 第二节 高校学生社团的中华优秀传统文化实践活动情况 ……（64）
 第三节 高校学生社团的中华优秀传统文化实践效果 …………（99）

第四章 中华优秀传统文化融入高校学生社团实践的问题及创新困境
 …………………………………………………………………（107）
 第一节 研究方法 ………………………………………………（107）

第二节　中华优秀传统文化融入高校学生社团实践的问题……（114）
   第三节　高校学生社团创新中华优秀传统文化实践的困境……（125）

第五章　创新中华优秀传统文化实践的可行性路径……（133）
   第一节　运用扎根理论进行相关数据分析……（133）
   第二节　探索中华优秀传统文化实践的创新路径……（150）

第六章　高校学生社团中华优秀传统文化实践评价指数体系……（157）
   第一节　高校学生社团发展评估指数……（157）
   第二节　中华优秀传统文化实践活动参与者体验评估体系……（169）

参考资料……（179）

附录　"传统文化工作坊"新媒体平台转化推送文章案例……（184）

后　　记……（195）

第一章 基本概念与政策文件

习近平总书记在党的十九大报告中指出：中国特色社会主义文化，源自于中华民族五千多年文明历史所孕育的中华优秀传统文化。[①] 随着中华民族踏上伟大复兴新征程，阐释中华优秀传统文化以应对国内外重大挑战，将中华优秀传统文化转化为实现中华民族伟大复兴、构建人类命运共同体的强大精神力量，成为当代青年的重要使命与担当。时代的呼唤告诉我们，应当积极发展和创新中华优秀传统文化，从中汲取力量。在党的二十大报告中，中华优秀传统文化对于中华民族伟大复兴的重要性再次被强调。二十大报告明确指出，中华优秀传统文化源远流长、博大精深，是中华文明的智慧结晶，其中蕴含的天下为公、民为邦本、为政以德、革故鼎新、任人唯贤、天人合一、自强不息、厚德载物、讲信修睦、亲仁善邻等，是中国人民在长期生产生活中积累的宇宙观、天下观、社会观、道德观的重要体现，同科学社会主义价值观主张具有高度契合性。我们必须坚定历史自信、文化自信，坚持古为今用、推陈出新，把马克思主义思想精髓同中华优秀传统文化精华贯通起来，不断赋予科学理论鲜明的中国特色，不断夯实马克思主义中国化时代化的历史基础和群众基础，让马克思主义在中国牢牢扎根。这说明中华优秀传统文化是植根本国、本民族历史文化沃土的具有无可替代价值的重要文化资源，弘扬和发展中华优秀传统文化是中华民族从绵延五千年的历史走向伟大复兴的必由之路。

高校作为弘扬中华优秀传统文化的重要主体，理应主动落实立德树人的根本任务。目前，各大高校都开展了各种形式的中华优秀传统文化实践

[①] 参见习近平：《决胜全面建成小康社会 夺取新时代中国特色社会主义伟大胜利——在中国共产党第十九次全国代表大会上的报告》，中国政府网，2017年10月27日。

活动，但仍然存在不少相关问题，实践活动发挥的文化服务与思政教化功能不如预期。高校学生社团作为学生自我管理和运营的组织群体，因其多元的种类和兴趣的自主导向，成为高校引导学生自主弘扬和创新中华优秀传统文化的优质主体。但由于是兴趣驱动的自发性学生组织，学生社团本身受到各类因素限制，也面临诸多问题。各种因素对中华优秀传统文化本身的创新转化、具体实践和传播效果造成了影响。

想要进一步深入探讨这些问题，需要首先立足于立德树人这一根本任务，梳理国家与地方相关政策文件，对学生社团与中华优秀传统文化两大核心概念进行探讨。

第一节　学生社团的历史、定义与特点

学生社团作为高校思想政治教育的重要载体，以其主体性和开放性的特点，成为引导学生主动发扬中华优秀传统文化、自觉落实思想政治教育的主要力量。学生社团能够在寓教于乐和潜移默化中提升大学生的文化认同和自信，因此成为众多教育研究和高校教师关注的核心。本节主要围绕高校学生社团的历史、定义和特点展开讨论，并为后文的研究进行铺垫。

一、学生社团的历史

在我国，学生社团的产生和发展有着悠久的历史。早在春秋战国时期，成员间具有相同道德追求的团体就已经出现，"诸子百家"争鸣的社会现象逐渐形成。社会由此产生了巨大的文化和政治变革，"诸子百家"团体的出现标志着我国社会性团体的形成。[①] 此后上千年的历史中，承载着思想和文化发展的书院也在一定程度上带着学术性社会团体的影子。

中国真正意义上的学生社团则需要追溯到近代。1895年京师大学堂、北洋大学堂等高等学校的成立，标志着近代高等教育开始步入新篇章，学

---

① 参见李俊、龚雪萍：《高校学生社团建设》，浙江大学出版社，2021年版。

生社团也开始萌芽。中国第一个真正意义上由在校大学生组织建设的学生社团是铁血抗俄会。铁血抗俄会由京师大学堂学生丁作霖于1904年日俄战争爆发后创办，以抗议日俄在东北地区发动战争、声讨日俄侵略中国的罪行为主要内容，进行集会、办报、演讲等学生爱国运动，为全国大学生树立了榜样。1905年清政府宣布废除科举倡立新学后，全国各地掀起了兴办高等学校的热潮。高等学校的蓬勃发展为中国学生社团的发展与进步注入了活力，并在五四运动时期掀起了学生社团发展的热潮。在此后的40余年里，围绕着爱国救亡和学术研究等主题，中国的学生社团为近代中国发展贡献了巨大的力量。

中华人民共和国成立后，高校对学生社团进行了整顿改造，彼时学生社团实践活动的内容主要围绕恢复教育和生产、社会服务、学术研究以及开展文体活动等方面进行，为国家的建设和发展提供了年轻的力量。1966年至1976年，全国各类社团陷入发展停滞局面。

随着改革开放的深入，学生社团发展进入成熟阶段，再次焕发出生机与活力。90年代以来，随着我国高等教育事业的快速发展，学生社团的发展再次进入快车道，呈现出蓬勃向上的良好态势。2004年中共中央、国务院《关于进一步加强和改进大学生思想政治教育的意见》、2005年共青团中央、教育部《关于加强和改进大学生社团工作的意见》以及2020年中共教育部党组、共青团中央《高校学生社团建设管理办法》的发布为各大高校管理和学生社团活动提供了可靠的借鉴和支持，各大高校都十分重视学生社团的发展。参加学生社团组织也成为当代中国大学生生活中不可或缺的一部分。

学生社团在国外也具有较长的发展历史。欧洲的学生社团最早可追溯至古希腊时期雅典学校中产生的学生组织。意大利以"学生治校"为特点的博洛尼亚大学为中世纪欧洲学生社团的产生开创了先河，此后学生社团成为学生课外文化体育生活的重要组织形式。英国剑桥大学和牛津大学在19世纪就有了学生的课外活动组织，称之为"联合"（Union）。当时这些团体组织带有强烈的行会特点，主要是为了保护教师和学生的利益。美国的社团组织形成可追溯到殖民地时期。早期美国院校的学生社团具有浓厚的清教主义色彩，随着自由、民主、自治思想的传播，政治经济的独立和学生的增多，美国高校学生社团自主性不断提升。第二次世界大战以后，美国高校学生工作的指导思想逐步由注重智力培养转变为注重"完整学生"的培养，学生工作以学生人事服务为主。在这种思想的指导下，学生社团成为美国高校学生生活中一道靓丽的风景线。

无论古今中外，学生社团都不是一个新鲜的事物。学生社团在各个阶段受到社会历史的影响，呈现出不同特点。但无论如何变迁，学生社团本身对学生自我发展都具有积极作用，更是国家发展中不可忽视的重要助力。无论哪个国家，都必须重视学生社团的发展。

二、学生社团的定义

学生社团在不同时期呈现出不同的特征，学者们对其有不同的定义，但可以达成共识的是，学生社团是由中高等学校学生围绕兴趣爱好自愿结成的群众性组织，有利于学生身心健康发展。如《中国大百科全书·教育》将学生社团定义为中等学校、高等学校的学生在自愿的基础上自由结成的群众组织。[1] 1998年版《教育大辞典》进一步明确提出学生社团的目的是"活跃学校学习空气，提高学生自治能力，丰富课余生活；交流思想，切磋技艺，互相启迪，增进友谊"[2]。以上两组定义都展现出了学生社团创建的自发性、运行的自主性、目标的整合性、组织的群众性和受众的多样性。

随着学生社团发展实践经验的逐步累积，更多人开始注意到学生社团的运营需要接受科学的指导。1999年版《辞海》在定义中明确提出了学生社团由中国共产主义青年团和学生会提供指导和支持。2005年1月，共青团中央、教育部《关于加强和改进大学生社团工作的意见》指出，大学生社团是由高校学生依据兴趣爱好自愿组成，按照章程自主开展活动的学生组织[3]，注重强调了学生社团需要在规范的章程下开展活动。党的十

---

[1] 参见《中国大百科全书》（第二版网络版），https://www.zgbk.com/ecph/words?SiteID=1&ID=21078&Type=bkzyb&SubID=49180。
[2] 转引自赵瑞情：《中学社团生活研究》，华东师范大学博士学位论文，2008年。
[3] 参见共青团中央、教育部：《关于加强和改进大学生社团工作的意见》，中青联发〔2005〕5号，2005年1月13日。

八大以来，高等教育步入新的历史阶段，高校学生社团也面临着新的发展使命。厘清学生社团在新时代高校立德树人工作中的功能定位，优化高校教育资源配置，完善学生社团运行管理机制，利用学生社团组织促进学生全面发展，成为高校思想政治工作的重点。在此背景下，本书统一采用2020年1月中共教育部党组、共青团中央印发的《高校学生社团建设管理办法》对学生社团的定义：

> 高校学生社团是落实立德树人根本任务、推进素质教育的重要载体，是高校学生根据成长成才需要，结合自身兴趣特长，在高校党委的领导和团委的指导下开展活动的群众性学生团体。[1]

该定义在国内学生社团发展逐渐成形的现实基础上，明确了学生社团在立德树人方面的重要作用，并强调了其本质是学生团体，高校党委和团委应对其采取积极主动的指导和引领。故本书在后续的研究中，将以这一定义的精神内涵为宗旨开展有关学生社团的分析。

学生社团的主要运营形式是举办学生社团实践活动。学生社团实践活动是学生教育的重要载体、校园文化建设的重要组成部分和维护校园安全稳定的重要途径。活动选题受到学生社团自身性质和成员兴趣爱好的影响，具体形式多样，内容丰富，突破了课堂教学在时间和空间上的局限，利用课余时间提升高校学生的综合素质，能够帮助学生实现自我个体发展和群体共同价值的追求。实践活动需要学生社团成员在经过学校各方审批通过后，按照一定的章程有序开展。

故，本书将高校学生社团实践活动界定为：高校学生社团在高校党委和团委的引领和指导下，由学生社团成员结合自身兴趣特长和实际需求自主策划，经相关管理主体审批通过后在一定章程下有序组织和开展的学生课余实践。其具体内容和形式丰富多样，是营造良好校园文化、落实立德树人根本任务和推进素质教育的重要方法，有助于学生成长成才。上述定义强调了学生社团实践活动策划过程的自主性、举办程序上的严密性和实际效果的教育性，充分肯定了学生社团活动的价值。

---

[1] 参见中共教育部党组、共青团中央：《中共教育部党组　共青团中央关于印发〈高校学生社团建设管理办法〉的通知》，2020年1月20日。

三、学生社团的特点

学生社团的特点可归纳总结为以下四点：主体性、社会性、开放性、教育性。

（一）主体性

学生社团的整体运作几乎完全依靠学生，具有强烈的主体性特征。学生社团从建立、组织到开展活动，学生都具有自主选择的权利，其成员也是在相互认识的基础上自愿参加学生社团活动。整个管理运行机制充分发挥了民主和兴趣的作用，在学生社团中每个人都以主人翁的态度参与组织和管理，通过学生社团活动，发挥自己的想象力和创造力。而相关管理主体只是学生社团开展工作的协助者，并不具有制度上的决策权。学生社团充分尊重学生的主体性，积极促进发挥学生的主观能动作用，帮助学生成为学生社团的当家人。

（二）社会性

随着学校支持力度的增加，学生社团活动日益多样化，实现了向"外向型"和"联合型"方向的转变。活动中，社会实践占据了重要地位，理论和实践紧密结合，更注重社会指导意义。在这个过程中，参与的学生有机会获得角色实践的机会，收获实现角色期望的必备社会文化知识与专业技术技能，并开始逐步了解社会运行的基本规范，从而加深对社会的理解，促进自身的社会化发展。再者，学生社团的联系范围逐步扩大，由单独行动转变为横向的联络，人际关系变得更加复杂，更加看重团体协作。总体来说，学生社团也是一个小社会，具有强烈的社会属性特征。

（三）开放性

学生社团本身并非行政部门，而是学生组织，故具有较强的开放性特征。首先，参与人员完全凭借自身兴趣和课余时间安排参与学生社团的各项议程；参与人员来源广泛，准入门槛低，活动参与与否完全由个人决定。其次，学生社团类型丰富多样，活动内容没有固定要求，活动方式也非常灵活，在原有的讲座、竞赛、座谈会、交流会等形式的基础上不断创新。学生社团以包容和开放的心态欢迎学生大胆尝试，丰富自己的课余生活。

（四）教育性

学生在哪里，思想政治工作的阵地就在哪里。学生社团的主体性和开放性使其易产生文化交流和碰撞，成为传递思想的重要载体。学生社团是大学生思想政治教育的重要阵地，承担了力量补充、同辈教育、自我教育等功能。落实立德树人根本任务、推进素质教育、促使学生成长成才是学生社团最重要的任务。而落实此任务，需要学生社团在党委和团委的引领下，逐步引导学生在社团活动中不断尝试和提升自我，发挥学生社团的教育作用。

四、学生社团的作用

学生社团的作用可以被归纳总结为以下四个方面。

（一）加强思想道德引领，落实立德树人目标

高校学生社团根植于各大高校深厚的文化土壤之中，应努力成为引领和弘扬中华优秀传统文化和新时代中国特色社会主义核心价值观的重要阵地，积极对学生进行思想道德引领。思想道德决定着一个人的政治方向和怎样做人，应通过方向正确、站位较高、格局打开、健康向上的学生社团活动，调动学生的爱国热情，增强其历史使命感和时代责任感，使其自觉地关心国家的前途和命运，树立为祖国而奋斗的远大理想。学生参与学生社团工作，有利于培养相互扶持的合作意识，提升表达与交际的能力，并在相关活动中学习到正确的处世之道，培养理性平和、积极健康的心态，培育高尚的思想道德，提升身心素质和道德品质。

（二）推进素质教育发展，帮助学生成长成才

学生社团是高校第一课堂教育的延伸，是对课堂知识的补充。学生社

团有着宽松的活动氛围、喜闻乐见的活动形式、丰富多彩的活动内容，能够帮助学生展现特长、发展兴趣爱好和彰显个性，有利于拓展学生的知识面，使他们正确认识周围事物、感知现实世界，为高校提供了更灵活多变的教育方式。通过开展丰富多彩的社团活动，学生社团能激发学生的各种潜能，调动学生的积极性和创造性，提升学生的综合素质，帮助学生成长成才。

（三）建设繁荣校园文化，满足学生精神需求

新时代，党和国家要求广泛开展文明校园建设，将"以文化人"作为"培育时代新人"的重要手段。学生社团是建设繁荣校园文化的主力军，多样的社团活动不仅能够丰富学生的课余生活、满足其精神文化需要，更能够打造优质的学生社团文化。建设学生社团文化，可以不断充实高校精神文明建设，促进优良校风学风的形成，推动校园文化向更全面、更丰富、更高层次和高品位的方向不断迈进，有利于高校育人职能的实现。

（四）提升学生社会担当，促进社会和谐发展

高校学生通过团队的形式开展工作，不但可以锻炼自己的能力、培养责任心，更可以在社会实践的广阔舞台上升华爱国情怀、弘扬奋斗精神，了解国情民情，增强社会责任感和历史使命感。当前，众多学生社团以乡村调研、志愿服务等方式积极回馈社会，在实践中凝聚自身正能量、激发社会担当，为构建社会主义和谐社会奉献年轻的力量。

第二节　中华优秀传统文化

我国是一个有着五千年悠久历史的国家，在漫长的历史进程中，积累了深厚的文化底蕴，为一代又一代中华儿女留下了丰富的文化遗产，培育了崇高的民族精神。中华优秀传统文化是文化育人的重要资源和主要内容，蕴含着宝贵的精神财富。习近平总书记多次指出，要努力用中华民族

创造的一切精神财富来以文化人、以文育人。实现中华优秀传统文化的育人价值，必须构建长效机制，多管齐下，使之产生文化育人的"合力"，提升文化育人的效果。本书无法用寥寥数语述尽中国几千年的深厚文化，但力求梳理在学界认可度比较高的相关观点，总结出中华优秀传统文化的特点，以期为后续研究提供帮助。

一、中华优秀传统文化

中华民族的传统文化是指中华民族在数千年的发展过程中创造的、不断发展的、打上自身烙印的文化，广义上指中华民族在历史上所创造的一切，狭义上指中华民族在历史上所创造的思想文化。中华优秀传统文化是一个有机整体，由人民的生活实践炼就，包括物质文化、制度文化和思想文化等多个层面，呈现出博大精深、源远流长的特点。需要注意的是，中华传统文化是与外来文化相对的概念，田青曾用"三根柱子两层楼"的观点来阐释中华优秀传统文化。"三根柱子"即儒、释、道。儒是以孔孟思想为代表的儒学；释是中国化的佛学；道则是中国土生土长的道教。古言道："以儒济世、以道修身、以佛养心"，儒释道三者共同构建起中华传统文化的框架，千年来影响着每一个中华儿女。"两层楼"指由中国古人创造的精英文化和广大底层劳动人民创造的世俗文化。[1] 张岱年也提出，中华优秀传统文化最主要的两个基本思想观点是人际和谐和天人协调，其核心是关于人的自觉的思想。[2] 总结前人所言，我们不难看出中华优秀传统文化十分强调人的实践活动的重要价值：中华民族创造了中华文化，同时文化也改造了我们的生活。中华优秀传统文化的文化教育功能、识别交流功能、时代与民族色彩早已在千年来的劳动创造中融入每个中华儿女的魂灵。

需要明确的是，中华民族传统文化中既有精华，也有糟粕。中华优秀传统文化是中华民族几千年来传统文化的一部分，具有非常明显的时代价值。文化本身是变化和创新的，其内涵和形式亦不断地演进，文化的生命

---

[1] 参见田青：《中国优秀传统文化内涵探析》，载《遗产与保护研究》，2016年第3期。
[2] 参见张岱年：《中国古典哲学中的优良传统》，载《高校理论战线》，1993年第1期。

亦随着人类的繁衍而持续和复兴。很明显，随着社会的不断发展，传统文化中的部分陈旧思想已经不符合当下实际的要求，故我们需要批判地继承我国的传统文化，发展和传承其灵魂与核心，使之成为新文化生长的土壤、实现文化的"再创造"。本书中的"中华优秀传统文化"正是指批判继承之后的符合社会主义核心价值观的传统文化。

中华优秀传统文化是中华民族长期发展过程中形成的，至今仍对中华民族的发展有着重要价值的思想文化。李宗桂指出，中华优秀传统文化是我国传统文化的精华所在、精神所在、气魄所在，是体现民族精神的价值内涵。[1] 中华优秀传统文化在中华民族发展的历程中，在中国思想文化发展史上都起到过积极的作用。自古以来中华民族一直在容纳、吸收不同的文化成分，不同民族生活在一起，多元文化形态深入碰撞，进一步融合形成了中华民族"和而不同"的优秀传统文化，为几千年来民族的延续和发展提供了一条强大的精神纽带。从百家争鸣到革命文化，一以贯之；从吃穿住行到文艺礼仪，无处不在。中华优秀传统文化深深融入中华民族的思想意识和行为规范，成为影响社会历史进程、影响人的思想行为规范的强大力量。

在当下的中国，中华优秀传统文化仍然具有时代价值，有利于中华文化的现代传承和创新发展，促进社会进步与民族发展。正如习近平总书记所说："文化是一个国家、一个民族的灵魂。文化兴国运兴，文化强民族强。没有高度的文化自信，没有文化的繁荣兴盛，就没有中华民族伟大复兴。"习近平总书记还指出，"中国特色社会主义文化，源自于中华民族五千多年文明历史所孕育的中华优秀传统文化，熔铸于党领导人民在革命、建设、改革中创造的革命文化和社会主义先进文化，植根于中国特色社会主义伟大实践"[2]。中华优秀传统文化对延续和发展中华文明、促进人类文明进步，发挥着重要作用。

二、中华优秀传统文化的特性

首先，中华优秀传统文化具有精神性。几千年来，中华优秀传统文化

---

[1] 参见李宗桂：《试论中国优秀传统文化的内涵》，载《学术研究》，2013年第11期。
[2] 参见央广网：《传承中华优秀传统文化 树立社会主义文化自信》，2018年8月31日。

随着中华民族的发展,不断推陈出新,是中华民族生存和发展的精神源泉。中华民族浩瀚的文化蕴藏着丰富的优秀传统道德,深刻而长期地影响着一代又一代人的思想观念和道德行为。

其次,中华优秀传统文化具有延续性。中华民族的优秀传统文化是广大人民群众自己创造的,其中熔铸了我们的民族情感、民族理想与民族凝聚力,不断创新是中华优秀传统文化得以延续和发展的决定性因素。几千年来,传统文化与我们的生活息息相关,例如礼俗、习惯等。在不同的历史时期,人们会加入新的具有时代性的内容,这就使得中华优秀传统文化始终具有生命力。

中华优秀传统文化还具有强烈的人文性。中华优秀传统文化是中华民族精神和情感的重要纽带,其人文精神渗透在中国文化的方方面面。文化的本质是"人化",文化的功能是"化人"。中华优秀传统文化中一个很重要的观点就是"以人为本",这种强调人的中心地位的观点,始终随着中华民族社会实践的发展,贯穿中华儿女认识世界、改造世界的过程。

认识和发展中华优秀传统文化,我们还需要着重把握其时代性。每个人都生活在传统之中,中华优秀传统文化及其价值体系构成了我们国家、民族、社会存在的历史基础。但这个传统从来都不是一成不变的,每一个国家、民族都是在继承与变革旧的传统的基础之上去构建新的历史传统。如今我们谈中华优秀传统文化的继承和发展问题,最重要的就是抓住它的时代性。社会主义先进文化以强国富民为主线,融入社会主义建设、改革的方方面面,成为夺取社会主义建设、改革伟大胜利的响亮的奋斗号角和强大的奋斗力量,与中华优秀传统文化、革命文化共同组成中国特色社会主义文化。在当代中国,中华优秀传统文化是社会主义文化的重要资源和载体之一。在实现中华优秀传统文化时代性转化和发展时,我们需要坚持先进文化的发展方向,坚持社会主义核心价值观的引领,坚持"创造性转化与创新性发展"的原则。

三、中华优秀传统文化的发展

(一) 中华优秀传统文化的发展

党的十九大报告中指出,要"深入挖掘中华优秀传统文化蕴含的思想观念、人文精神、道德规范,结合时代要求继承创新,让中华文化展现出永久魅力和时代风采"[①]。近年来,中华优秀传统文化的发展路径也已成为学术界关注的焦点问题之一。总的来说,传统文化的发展路径是由理论研究、保护整合、教育引导、文化传播等多个层面构成的,各个层面之间相互影响。只有各个层面协调发展,才能实现中华优秀传统文化的创造性转化与创新性发展。

中华优秀传统文化的发展实践包括但不仅限于保护整合、教育引导和文化传播这三个层面。在对中华优秀传统文化发展的理论问题进行研究后,将研究成果落实到具体举措就显得尤为重要。保护与整合是中华优秀传统文化发展的基础性工程。目前在保护层面,可以借助市场之力,鼓励企业和个人参与对文化遗产等中华优秀传统文化资源的保护。在整合层面,需要分类梳理并以具体问题具体分析的态度有效利用各种文化资源,使文化资源产生集群效应。教育引导是中华优秀传统文化发展的关键所在,所谓"以文化人",加强中华优秀传统文化对民众的教育引导,有利于形成践行中华优秀传统文化的时代风尚。文化传播是中华优秀传统文化传承的重要手段。我们可以利用现代媒体和信息技术,拓宽中华优秀传统文化的传播渠道,以期形成热爱中华优秀传统文化的社会氛围。

(二) 高校传承发展中华优秀传统文化的现状及路径

中华优秀传统文化在民族长期发展过程中形成,至今仍对中华民族的发展有着重要价值。不论是从文化传承的角度来看,还是从文化应用的角度来看,中华优秀传统文化都理应在当代得到传播、传承和发展。高校作

---

① 参见习近平:《决胜全面建成小康社会 夺取新时代中国特色社会主义伟大胜利——在中国共产党第十九次全国代表大会上的报告》,共产党员网,2017年10月27日。

为为社会培养高素质、高水平人才的重要教育场所，承担着传播中华优秀传统文化的重要责任。作为大学生进入社会前的最后一站，高校对大学生思维和价值观的塑造起着至关重要的作用。在高校环境中，优秀传统文化的有效传播可以帮助大学生成为中华优秀传统文化的热爱者和传承者，助力其发展。中国的高校本身有着较为全面和成熟的教育体系和宣传体系，非常利于传承和发展中华优秀传统文化。

1. 高校中华优秀传统文化教育所面临的问题

目前，高校对中华优秀传统文化的传承和发展得到了广泛认可，但在具体实施以及实施效果上仍然存在一些问题。本书认为，目前学界在这一领域的研究仍有欠缺。已有的相关研究多聚焦于某所学校、某个地区的高校中华优秀传统文化教育现状，未能提炼出高校中华优秀传统文化教育存在的普遍问题，也不能针对这些问题给出具有普遍适用价值的解决方案。本书希望以小见大，总结出目前我国高校中华优秀传统文化教育的突出问题，以期为后续探讨解决方案提供帮助。

首先是高认同与低素养的冲突。高校学生对中华优秀传统文化的认可度较高，但对中华优秀传统文化的了解和认知并不充分。大多数学生对于四书五经、四大名著、传统节日等比较常见的中华优秀传统文化内容都仅仅停留在"一般了解"的层次。整体来看，高校学生的中华优秀传统文化素养还不够高。

其次是高校中华优秀传统文化教育存在碎片化的特点。整体来说，除了中文、历史等与传统文化相关性较强的专业以外，高校其他专业开设传统文化类课程较少。近年来，针对这一问题，多数大学为学生开设了中华优秀传统文化类的通识课程，但整体而言覆盖率较低，且多为鉴赏性质的课程，直接关涉中华优秀传统文化价值体系解读等文化深层问题的课程并不多见。一些学生学习此类课程仅为获得学分，学习热情低、态度不够端正。再加上此类通识课程课时有限，教师难以在短时间内讲解博大精深的中华优秀传统文化，更难以开展相关实践活动。以上种种原因都导致高校中华优秀传统文化教育深入程度不够，呈现碎片化的特点。

2. 高校传承发展中华优秀传统文化的路径

首先，需要建立高校中华优秀传统文化教育的长效机制。陆风认为，这种长效机制表现在三个方面：一是建立高校中华优秀传统文化教育的领导机制。高校中华优秀传统文化教育的领导机制对高校中华优秀传统文化教育有着领航掌舵的作用。这种领导机制主要体现在学校行政机构掌握着进行中华优秀传统文化教育的领导权和主动权。二是建立高校中华优秀传统文化教育的激励机制。三是建立高校中华优秀传统文化教育的保障机制。保障机制分为制度保障和物质保障。在制度保障方面，高校可以建立并完善中华优秀传统文化教育管理制度、队伍培训制度等。在物质保障方面，高校需要在资金、场所、设施方面给予支持，以保障高校中华优秀传统文化教育的进行。[1]

其次，近年来互联网技术在社会广泛普及并在各行各业应用，社会形成了一种全新的网络文化体系，对大众的生活、工作产生巨大影响。在这样的大环境下，互联网给推进高校传统文化教育发展既带来机遇也带来挑战。针对相关问题，钱敏指出高校可以从以下几点深化"互联网+"在中华优秀传统文化教育中的应用。一是以学生学习需求为中心，借助互联网技术优势建立专业网络教育管理平台，为中华优秀传统文化教育提供保障，进而形成"线上+线下"的教育体系。通过新媒体技术加深中华优秀传统文化教育的交互性，让高校学生在新媒体使用过程中加强中华优秀传统文化素养。二是注重中华优秀传统文化教育的趣味性和多元性，适当降低传统应试教育的强制性和说教性，强调教育过程的灵活性和多样化。三是在互联网技术的辅助下发展"以学生为主，教师为辅"的教育模式，培养学生的自主学习意识。[2]

除了上述较为具体的路径以外，李雪萍、马发亮提出较具有概括性的高校中华优秀传统文化教育"三结合"的原则。一是中华优秀传统文化教育与地域文化的结合。例如在课程设置中体现地域文化的内容和特点，或将地域文化的元素体现在校园环境之中，形成充满地域特色的文化场域。二是中华优秀传统文化教育与现实社会的结合。高校可以在中华优秀传统

---

[1] 参见陆风：《高校传统文化教育的价值诉求与路径建构》，载《江苏高教》，2015年第1期。

[2] 参见钱敏：《"互联网+"背景下高校中传统文化教育探析——评〈高校传统文化教育的设计与规划〉》，载《中国高校科技》，2021年第5期。

文化中找到与思想道德建设相契合的地方，将社会主义核心价值观融入高校思想政治教育。三是中华优秀传统文化教育与现代科技的结合。① 这与上文提到的观点相同，都看到了新技术在高校中华优秀传统文化教育中的潜力。

四、高校传承发展中华优秀传统文化与思政教育应用

2019年10月举办的第二届"传统文化与思想政治教育"高层论坛指出，高校思想政治教育用好传统文化既有利于传承和弘扬优秀传统文化本身，也有利于提高高校思政教育的文化品质与实际功效，为高校进一步实现铸魂育人目标提供有效支撑。一是中华优秀传统文化为高校思政教育提供了思想资源，要充分发挥传统文化思想库、营养库和资源库的功能。二是用好中华优秀传统文化资源是思政教育创新的重要途径。如儒家文化的"五人"（人性关怀、人伦教育、人德修养、人文修养、以人为本）思想为高校思政教育提供了重要资源。同时，中华优秀传统文化也借助高校思政教育得到了传承与弘扬。

（一）应用的现状与困境

中华优秀传统文化的运用有利于高校思政教育工作的开展是国内学术界广泛认可的观点，但许多学者注意到，目前在实际的思政教育过程中，不少高校并未有效运用中华优秀传统文化。针对这一观点，学者们主要从两个方面进行了讨论。

一是学校视角。目前将中华优秀传统文化运用到高校思政教育的情况不容乐观。高校主要通过课堂教学和日常活动来实施思想政治教育，但教育内容缺乏中华优秀传统文化元素。二是大学生视角。学者们多认为，多数大学生缺乏中华优秀传统文化知识，部分大学生中华传统美德观念淡薄，一些大学生的价值观趋向功利化。

高校肩负着继承与创新中华优秀传统文化的使命，但是，在各种因素

---

① 参见李雪萍、马发亮：《论高校传统文化教育的"三结合"》，载《四川戏剧》，2019年第6期。

的影响下，高校中华优秀传统文化教育还面临着许多困境。国内学术界也对此展开了许多讨论。一是从学校层面而言，学者们认为部分高校目前存在不重视应用型人才的培养、忽视人文素质教育、尚未设置专门课程、缺乏专门教材、师资力量参差不齐等问题，以致中华优秀传统文化融入高校思政教育的程度不深、影响不大。二是从学生层面而言，当代部分大学生人文知识缺乏、群体意识欠缺，会对高校思政教育的效果产生影响。

国内学术界对高校中华优秀传统文化教育与思想政治教育相关问题进行了深入研究，取得了丰硕的理论成果，这为研究高校传统文化教育与思想政治教育结合问题奠定了坚实的理论基础。但总体而言，现有研究提升的空间仍然很大。一是对高校中华优秀传统文化教育与思想政治教育关系的理论研究较为薄弱，缺乏对两者关系深入系统的分析，尚未形成完善的理论成果和科学的理论体系。二是缺乏对高校中华优秀传统文化教育与思想政治教育结合现状的调查，大多数学者仅从认识论层面对两者的结合进行理论探讨与研究，很少涉及两者结合的实证研究。三是对高校中华优秀传统文化教育与思想政治教育结合原则和现实路径的探索还不够全面，有待进一步深入。

本书认为，在今后的研究中，要加强对高校中华优秀传统文化教育与思想政治教育关系的理论研究，并在借鉴现有研究成果的基础上，以实证研究为突破口，深入分析当前高校中华优秀传统文化教育与思想政治教育结合现状，探寻高校中华优秀传统文化教育与思想政治教育结合的有效路径。

（二）应用的内容与途径

在宏观角度，中华优秀传统文化为当代高校思想政治教育提供了可借鉴的丰富内容。学者孙熙国则进一步提炼总结得出中华优秀传统文化具有现代意义和传承价值的四种精神：仁爱、正义、礼乐、诚信。[1]

在微观角度，国内学者从各个层次、各个角度进行了相关探讨。朱艳

---

[1] 参见孙熙国：《中国优秀传统文化与当代青年发展》，载《学校党建与思想教育》，2011年第31期。

红、陈一平、石艳玲以山东理工大学为例,展示了该校将陶瓷文化、丝绸文化、孝文化等当地有名的中华优秀传统文化纳入高校思政教育实践的成果。[①] 学者王晓真以中国博大精深的茶文化为例,探讨了中华优秀传统文化融入高校思政教育的价值与实现。[②]

国内学者对中华优秀传统文化融入高校思想政治教育的途径研究侧重点各不相同,主要从以下几种角度展开。

一是课堂教学角度。许多学者认为课堂是开发和利用中华优秀传统文化德育资源的重要阵地。例如卢先明认为,可以发挥高校思想政治理论课的主渠道作用和选修课的辅助教学作用,将中华优秀传统文化贯彻到高校的教学过程当中。[③] 张师帅赞同这一观点,在此基础上,他指出可以充分发挥专业课教学的融入作用,努力在学科专业教学中融入中华优秀传统文化内容,使大学生对本专业的形成和发展历史有更全面和清晰的了解,增强大学生对中华优秀传统文化的精神追求和文化追求。[④]

二是校园媒介角度。蒋海军指出,要充分利用网络时代的特点将中华优秀传统文化融入思想政治教育中,校园媒介是开展大学生思政教育的重要方式,学校要通过大学生喜闻乐见的传播方式,广泛宣传中华优秀传统文化的精神内核,加强中华优秀传统文化的民族性和时代性的教育。[⑤]

三是社会实践角度。张师帅认为,大学生社会实践活动是加强和改进大学生思想政治教育的有效方式,是高校人才培养的第三课堂,是开展优秀中华优秀传统文化教育的重要阵地,对于增强大学生的社会责任感、创新精神和实践能力,以及提高大学生的思想道德素质都具有重要的

[①] 参见朱艳红、陈一平、石艳玲:《地方高校推进中华优秀传统文化教育工作的实践探索——以山东理工大学为例》,载《管子学刊》,2014年第4期。

[②] 参见王晓真:《中国优秀传统文化融入高校思政教育的价值与实现——以中国茶文化为例》,载《普洱学院学报》,2019年第4期。

[③] 参见卢先明:《依托中国传统文化增强高校思想政治教育实效性》,载《湖南师范大学教育科学学报》,2010年第4期。

[④] 参见张师帅:《论优秀传统文化在大学生思想政治教育中的价值及其实现》,载《国家教育行政学院学报》,2015年第8期。

[⑤] 参见蒋海军:《网络时代优秀传统文化融入大学生思想政治教育路径探析》,载《学校党建与思想教育》,2015年第15期。

意义。①

第三节　相关政策梳理与总结

　　早在 2013 年，习近平总书记就非常强调中华优秀文化的重要性。他在中央党校建校 80 周年庆祝大会暨 2013 年春季开学典礼上的讲话中说道："中国传统文化博大精深，学习和掌握其中的各种思想精华，对树立正确的世界观、人生观、价值观很有益处。……学史可以看成败、鉴得失、知兴替；学诗可以情飞扬、志高昂、人灵秀；学伦理可以知廉耻、懂荣辱、辨是非。"② 优秀的传统文化是中华民族的精神命脉，是最深厚的文化软实力。③ 国家为大力弘扬中华优秀传统文化，出台了一系列政策。2014 年教育部印发《完善中华优秀传统文化教育指导纲要》，要求推动文化传承创新，培育和践行社会主义核心价值观，落实立德树人根本任务。立德树人的教育理念与学生培养体系，社会主义核心价值观，都是中华优秀传统文化带来的智慧。

　　各大高校积极响应，将中华优秀传统文化融入课堂内外。以四川大学为例，学校将中华文化课程分为哲学篇、文学篇、艺术篇、历史篇，纳入学生培养方案的必修课程。以此为基础，四川大学团委用"四个一"创新中华优秀传统文化教育，致力于"打造一批线上线下精品课程，丰富中华优秀传统文化教育课程体系""孵化一批精品校园活动，营造中华优秀传统文化育人浓厚氛围""开展一批特色社会实践项目，增强青年学生中华优秀传统文化传承意识""生产一批特色网络文化产品，赋予中华文化教育青春活力"，团委、社团联合会、学生社团以及学术研究中心等合作，

---

　　① 参见张师帅：《论优秀传统文化在大学生思想政治教育中的价值及其实现》，载《国家教育行政学院学报》，2015 年第 8 期。
　　② 习近平：《在中央党校建校 80 周年庆祝大会暨 2013 年春季学期开学典礼上的讲话》，载《人民日报》，2013 年 3 月 3 日。
　　③ 参见中国共产党新闻网：《习近平谈中华优秀文化：善于继承才能善于创新》，2017 年 2 月 13 日。

积极开展课后中华优秀传统文化实践活动，共同营造校园中华优秀传统文化氛围，创新中华优秀传统文化发展。

本节主要对近年来相关部门出台的中华优秀传统文化相关政策进行汇总梳理，总结出开展中华优秀传统文化实践活动的指导思想，并对后续研究的开展提供政策理论支持。

一、发展弘扬中华优秀传统文化层面

一直以来，国家都很重视中华优秀传统文化的发展，从2014年至2021年，各部门陆续出台了一些针对中华优秀传统文化的纲领性政策以及具体产业的刺激性政策，其中以纲领性政策为主。

（一）国家层面的政策指引

2014年，教育部印发《完善中华优秀传统文化教育指导纲要》，其中强调各级教育部门和教育机构要加强中华优秀传统文化教育，积极培育和践行社会主义核心价值观，围绕立德树人根本任务，以弘扬爱国主义为核心，以团结统一、爱好和平、勤劳勇敢、自强不息的民族精神为主线，以推进大中小学中华优秀传统文化教育一体化为重点，整体规划、分层设计、有机衔接、系统推进，促进青少年学生全面发展，培养富有民族自信心和爱国主义精神的社会主义事业建设者和接班人。

2016年，中共教育部党组发布《中共教育部党组关于教育系统深入开展爱国主义教育的实施意见》，明确提出要大力弘扬伟大爱国主义精神，大力弘扬以改革创新为核心的时代精神，为实现中华民族伟大复兴的中国梦提供共同精神支柱和强大精神动力。要求把爱国主义教育作为弘扬爱国主义精神的永恒主题，贯穿国民教育全过程，深入学习领会习近平总书记关于弘扬爱国主义精神的重要讲话精神。

从2014年到2016年，国家政策的关注重心聚焦于中华优秀传统文化的教育意义层面。紧接着，在2017年，我们可以注意到国家继续强调对中华优秀传统文化的建设，出台了涉及更多领域的指导方针，提出了更明确的发展要求。

2017年，中共中央办公厅、国务院办公厅印发《关于实施中华优秀传统文化传承发展工程的意见》，为建设社会主义文化强国，增强国家文化软实力，实现中华民族伟大复兴的中国梦提出了意见。指导思想层面，要高举中国特色社会主义伟大旗帜，全面贯彻党的十八大和十八届三中、四中、五中、六中全会精神，坚持以马克思列宁主义、毛泽东思想、邓小平理论、"三个代表"重要思想、科学发展观为指导，深入贯彻习近平总书记重要讲话精神和治国理政新理念、新思想、新战略。基本原则层面，要牢牢把握社会主义先进文化的前进方向，坚持以人民为中心的工作导向，坚持创造性转化和创新性发展，坚持交流互鉴、开放包容，坚持统筹协调、形成合力。总体目标层面，到 2025 年，中华优秀传统文化传承发展体系基本形成，文化产品更加丰富，文化自觉和文化自信显著增强，国家文化软实力的根基更为坚实，中华文化的国际影响力明显提升。

如果说 2017 年对中华优秀传统文化各方面发展提出了宏观指导，那么 2018 年的政策则更加具体地落实到了学校助力中华优秀传统文化创新发展的举措。2018 年，教育部发布《关于开展中华优秀传统文化传承基地建设的通知》，深入推进中华优秀传统文化全方位融入高校教育，不断创新新时代高校传承中华优秀传统文化的理念、形式与方法，充分发挥高校文化传承创新的优势与作用，着力提高中华优秀传统文化传承发展的质量和水平。在全国范围内建设中华优秀传统文化传承基地，探索构建具有高校特色和特点的中华优秀传统文化传承发展体系，在教育普及、保护传承、创新发展、传播交流等方面协同推进并取得重要成果。

到 2019 年，国家政策的重点则回归到中华优秀传统文化的教育意义层面。区别于之前提到的意识形态教育，中华优秀传统文化在立德树人的美育方面的意义被更多地挖掘，立德树人的内涵被不断丰富。2019 年 4 月，教育部发布《关于切实加强新时代高等学校美育工作的意见》，旨在提升学生审美和人文素养，其中也明确提出要切实推动中华优秀传统文化的创造性转化和创新性发展，把中华优秀传统文化教育作为学校美育培根铸魂的基础，弘扬中华美育精神。

2021 年，国家各组织机构持续发布传统文化产业扶持政策，中华优秀传统文化不再只是学校教育的丰富文化资源，弘扬中华优秀传统文化更是实施国家文化自信政策，加强国家国际形象构建的重要组成部分。2021

年1月，国家文物局印发通知，正式启动2021年度"弘扬中华优秀传统文化、培育社会主义核心价值观"主题展览项目推介工作，要求展览选题应侧重展示中国共产党成立100周年以来的光辉历程和取得的伟大成就，总结党和人民创造的宝贵经验，深入挖掘阐发根植于中华优秀传统文化的深刻的思想体系、丰富的科学文化艺术成果、独特的制度创造。2021年3月，国家广播电视总局也发布了《国家广播电视总局办公厅关于开展2021年"中华文化广播电视传播工程"重点项目申报工作的通知》，目的在于深入推广中华文化广播电视传播，引导广播电视制作播出机构创作推出更多传承中华文化基因、坚定文化自信的优秀节目，体现了国家对中华优秀传统文化文艺创作的支持。2021年11月，体育总局办公厅、教育部办公厅联合出台《2022年普通高等学校运动训练、武术与民族传统体育专业招生管理办法》，将传统武术、民族传统运动项目纳入高校招生体系。

通过对2014—2021年国家各个部门出台的与中华优秀传统文化相关的政策的梳理，我们可以从中观察到以下趋势：第一，中华优秀传统文化相关政策的发布频率越来越高，反映出国家对中华优秀传统文化的重视程度越来越高。第二，中华优秀传统文化政策的内容大多涉及教育事业，尤其注重对爱国主义、社会主义核心价值观的培养，对青年一代意识形态教育非常重视。第三，中华优秀传统文化政策开始更多地关注文化产业发展，这可能与国家经济基础的增强有关。

（二）地方政府的实践举措

本书以四川省为例，梳理了近10年来四川省政府出台的中华优秀传统文化相关政策。我们发现，地方政府的政策多是国家政策的沿袭，在关注教育的同时，更多的是中华优秀传统文化传承发展的具体举措。

早在2012年，四川省教育厅就开始重视中华优秀传统文化在教育方面的重要作用。如《传统文化正加快进校园步伐》要求要在学校中推广太极传统文化，反映出中华优秀传统文化进校园的步伐愈加稳健。

2017年9月，省委办公厅与省政府办公厅联合印发《关于传承发展中华优秀传统文化的实施意见》，明确指出要着力构建优秀传统文化传承发展体系，着力方向包括研究阐发、保护传承、创新发展与交流合作四大部分。从中我们能感受到地方对中华优秀传统文化传承发展的促进力度之大。这样的政策既是对国家出台的中华优秀传统文化相关政策的丰富和拓展，也是中华优秀传统文化创新传承的有力举措。

2019年6月，四川省社会科学院调研组在《传承发展传统文化的四川探索》中指出，四川传统文化源远流长，古蜀文明独具魅力，巴蜀文化丰富多样，民族文化绚丽多姿，红色文化基因深厚，是我国独具特色的优秀文化高地与精神沃土。为推进中华优秀传统文化的创造性转化和创新性发展，四川加强中华文化传承的总体设计、统筹谋划、创新实践；坚守文化根脉，着力挖掘和阐释中华优秀传统文化宝贵的思想资源，滋养当代生活，弘扬文化传统。

2019年7月，四川省教育厅发布《四川"三融入"落地落实优秀传统文化教育》，介绍四川省优秀传统文化创新发展的实际情况。四川省认真落实立德树人根本任务，高度重视优秀传统文化育人功能，坚持把优秀传统文化融入学科专业、融入教育教学、融入地域特色，实现以文化人、以文育人，落地落实传统文化教育。

近几年，地方政府对中华优秀传统文化的传承和创新传播呈现出"产学研"融合的趋势，确保科学性的同时也保证了创新的可能性。

对地方政府的政策和相关文件进行梳理后发现，地方政府提出的政策主要有以下特点：

第一，地方政策多为国家政策实施后，结合地方具体情况的进一步指导与建议。第二，地方政府在实施中央政策的具体做法上，展现出很好的贴合度及形式创新。第三，地方政府更多地结合地域文化考虑传承、发展、创新具有地域特色的优秀传统文化，这些地域文化一起组成了博大精深的中华优秀传统文化。

总的来说，国家相关部门的政策直接成为地方政府的决策方向和决策指导，地方政府的具体实践又同时成为中华优秀传统文化创新发展的强大力量，是政策有效性的有力保障。

二、助推落实思政教育层面

上述分析中，不难发现思想政治教育和中华优秀传统文化联系极为紧密，中华优秀传统文化在教育方面具有不可替代的重要价值。学校是中华优秀传统文化实践活动的重要主体之一，除在课程中融入中华优秀传统文化教育，学生自主实践的主体——学生社团活动，也是传承发展中华优秀传统文化的主要方式之一。为进一步细化深入，本书对传承发展中华优秀传统文化的最终落实方向更多聚焦到高校学生思政教育方面，对近年来的相关政策进行了梳理。

（一）相关文件发布历程

早在 2004 年，中共中央、国务院便发布了《关于进一步加强和改进大学生思想政治教育的意见》，旨在适应新形势、新任务的要求，提高大学生的思想政治素质，促进大学生的全面发展。由此确立了加强改进新时代大学生思政教育建设的战略任务，明确了加强改进大学生思政教育的主要任务内容，强调了充分发挥课堂教学的主导作用与党团组织的重要作用，建议进一步拓宽相关有效途径，建设保障相应配套措施与教育领导团队。

2016 年末，习近平总书记在全国高校思想政治工作会议上强调高校思想政治工作关系高校培养什么样的人、如何培养人以及为谁培养人这个根本问题。要坚持把立德树人作为中心环节，把思想政治工作贯穿教育教学全过程，实现全程育人、全方位育人，努力开创我国高等教育事业发展新局面。

2017 年，中共中央、国务院为深入贯彻落实习近平总书记系列重要讲话精神和治国理政新理念新思想新战略，印发《关于加强和改进新形势下高校思想政治工作的意见》（以下简称《意见》）。《意见》中指出我党素来都高度重视高校思政工作，以习近平同志为核心的党中央始终把高校思想政治工作摆在突出位置。强调高校思政工作，事关从办什么样的大学，怎样办的根本性问题与党对高校的领导下与中国特色社会主义事业后继有人的重大政治任务与战略工程。其中特别指出要强化思想理论教育和价值引领，要弘扬中华优秀传统文化和革命文化、社会主义先进文化，实施中华文化传承工程，推动中华优秀传统文化融入教育教学。

同年，共青团中央、教育部为全面贯彻《意见》和全国高校思想政治工作会议精神，贯彻落实《中长期青年发展规划（2016—2025 年）》，发出《关于印发〈关于加强和改进新形势下高校共青团思想政治工作的意见〉的通知》。其中在论述文化育人的部分提到弘扬中华优秀传统文化和革命文化、社会主义先进文化,并包含一些具体建议措施,包括参与实施中华优秀传统文化传承发展工程,组织开展"中华学子青春国学荟",扶持国学类学生社团,利用民族传统节日等契机传播弘扬中华优秀传统文化和传统美德,帮助大学生增强文化自信和价值观自信。

2018年,为深入学习贯彻习近平新时代中国特色社会主义思想和党的十九大精神,同时为了进一步落实《意见》等相关文件要求,切实发挥好共青团服务高校立德树人根本任务和人才培养中心工作的重要作用,共青团中央、教育部印发了《关于在高校实施共青团"第二课堂成绩单"制度的意见》。实施这一制度也是为了落实习近平总书记提出的重视和加强第二课堂建设的重要要求,推动高校思想政治工作改革创新,全面落实立德树人根本任务,强化共青团育人职能,促进学生素质素养提升。

思想政治教育优化改进工作不仅需要改善高校对学生的教育指导,也需要进一步完善教育评价体系,让整个环节更为科学客观。2020年,中共中央、国务院印发了《深化新时代教育评价改革总体方案》(以下简称《方案》),要求在《方案》的总体指导思想与主要原则下,经过五至十年努力,取得明显的改革成效,到2035年基本形成富有时代特征、彰显中国特色、体现世界水平的教育评价体系。

从高校思政教育方面可以看出,国家始终将大学生思政教育工作放在突出位置,十分重视高校的思想政治工作。中华优秀传统文化的传承与素质教育的实施,不仅是落实立德树人根本任务的内在要求,也是培养中国特色社会主义事业的接班人的重要任务与途径。

可以说,中华优秀传统文化内含着丰富的思想与精华,体现着中华民族数千年的智慧结晶与民族精神,将其融入教育体系尤其是高校教育,不仅有利于中华优秀传统文化的传承与发展,还有助于新时代的青年人培养民族自信心和爱国主义精神,树立正确的世界观、人生观、价值观,完善道德品质,培育理想人格,提升政治素养。为了实现这一目标,最重要的便是通过教育落到实处,通过各部门协力完善各类制度,在青年学生中多措并举广泛普及传统文化教育,将弘扬中华优秀传统文化融入立德树人的思政教育之中。

（二）中华优秀传统文化实践活动的具体经验

近年来，各高校积极落实开展各类中华优秀传统文化活动。本书将以四川大学近年的相关举措为例展开分析。

四川大学通过打造线上线下的精品文化课程，孵化品牌校园文化活动，开展特色社会实践项目，生产特色网络文化产品等方式，将立德树人与中华优秀传统文化通过学生社团与课堂等途径有机融入思政教育。如学校团委同步打造了"传承的力量·中华优秀传统文化精品视频"系列线上课程，通过对藏羌织绣、道明竹编等优秀传统文化的历史起源、传承现状、新时代价值的讲解，进一步展现了优秀传统文化所蕴含的中国智慧与精神。

课堂外，学生社团相关活动是主要的落实途径。四川大学团委通过学生社团"中华优秀传统文化周"、"古韵川大"中华优秀传统文化特色体验活动、"一院一特色"学院特色文化艺术项目、"凤舞川大"舞蹈大赛等一系列精品校园文化活动，营造浓厚的中华优秀传统文化氛围。学生社团"传统文化周"已在学校开展3届，通过这一平台，先后涌现出了京剧折子戏展演、皮影沙龙、国学茶话会等一系列学生社团品牌活动。除此之外还有如探访非物质文化遗产暑期社会实践活动，小川网络文化工作室在"青春川大"一网两微一抖新媒体平台原创推出"小川说节气""背影""淘沙"等中华优秀传统文化网络栏目等。

从四川大学的政策制定到具体实践，不难看到"传统文化＋思政教育"在学生社团、学校资源方面的积极影响，但同时也需要注意到一些问题。笔者希望通过本书的研究，能够发现高校中华优秀传统文化实践方面存在的问题并提出改进之策，推广优秀学生社团的经验做法，让高校学生社团的中华优秀传统文化活动能够更加迎合时代需求，更加贴合学生偏好，更能发挥育人功能，从而为全国高校在高校学生社团建设与思想政治教育工作方面提供参考与借鉴。

三、相关政策分析与总结

(一) 中华优秀传统文化实践活动相关政策内容分析

对国家和地方近 10 年来弘扬发展中华优秀传统文化、助推高校思政教育落实的相关文件的词频进行统计及数据分析后，按词频由高到低筛选出 10 个词语（见表 1-1）。其中不少词语都与教育相关。这说明国家在中华优秀传统文化实践方面兼顾其立德树人作用，推行美育；又依托中华优秀传统文化，着重加强国家意识形态建设，坚定学生信念，维护国家稳定。地方政府紧跟国家步伐，推进中华优秀传统文化教育，且实践重心不局限于教育，也重视"传承""研究""历史名人"等其他传统文化建设路径及中华优秀传统文化产业的资源，将产业与教育并举。这样的结果进一步印证了上文的初步分析。

表 1-1 国家和地方中华优秀传统文化相关文件高频词

词语	词频/次
教育	146
高校	95
传承	92
艺术	88
美育	82
文化教育	75
爱国主义	61
中华文化	44
中华民族	36
传承	34

（二）高校思政教育相关政策内容分析

对高校思政教育和学生社团的相关政策进行词频统计后，按词频由高到低筛选出如下 16 个词语（见表 1-2）。

表 1-2 高校思政教育相关政策高频词

词语	词频/次
大学生	238
政治	197
教育	154
思想政治教育	120
共青团	110
活动	72
第二课堂	58
社会主义	36
学术	33
文化	30
人才培养	18
立德	12
校园文化	10
素质教育	9
理想信念	8
民族	8

从这些政策中，我们可以看到思想政治教育之于高校发展的重要作用。重视思想政治教育，将中华优秀传统文化运用于其中，是帮助大学生

立德树人、成长成才的重要途径和要求。同时，学生社团作为第二课堂，承担着大学生教育的重要责任，是开展思政教育最重要的场合之一。优秀的学生社团通过举办活动培育优秀的校园文化，可以提升大学生思想站位，打开大学生的眼界和格局。中华优秀传统文化在思政教育和立德树人方面发挥着重要作用。如果能让中华优秀传统文化、思政教育和学生社团活动相结合，我们就可以找到一条不同于传统课堂的、更利于大学生接受的中华优秀传统文化活动创新发展的路径，让中华优秀传统文化活跃起来、让思政教育有趣起来、让学生社团活动丰富起来。

第四节 评述与展望

近十年来，我们可以看到国家对中华优秀传统文化的提倡仍然以修身养性、立德树人的道德教化作用为主，兼顾建立国家认同、民族认同的意识形态教育，主要涉及教育层面的意义，注重意识形态教育。地方政府积极落实国家政策纲领，推动中华优秀传统文化教育，同时重点结合地方特色文化，发展文化产业经济，促进地方繁荣发展。

中国是一个幅员辽阔的国家，要通过一代代人的教育，不断增强民族间的文化认同。中华优秀传统文化是增强民族认同、凝聚人心、维护国家统一、推动国家繁荣发展的重要因素。

随着中国综合国力的与日俱增，世界影响力显著增强，一些西方国家妄图裹挟西方的意识形态对中国形成挑战，面对日益复杂的国际环境，高举文化自信旗帜，加强中华优秀传统文化的传承发展，是中华民族在复杂环境中安身立命的基础之一。随着科学技术的进步，信息技术重构了人类社会，全球化的浪潮席卷了每个国家，文化的碰撞与融合前所未有。此时，中华优秀传统文化的重要作用就越发凸显，一方面，它是中华民族的象征，另一方面，它是讲好中国故事、丰富人类文化的珍贵宝藏。

我们要高度认识占领意识形态高地、把握思想政治教育风向的必要性与重要性。之前的词频分析也能印证这一点。无论是传承弘扬中华优秀传统文化的相关政策还是支持高校学生社团发展的相关政策，思想政治教育都是其共同的内容，换言之，思想政治教育正是学生社团建设和中华优秀传统文化教育活动开展的指导原则。依托传统文化，使思想政治教育更加丰富多元、更能被受教育者认同，亦是值得肯定的途径。而学生社团作为学生，尤其是高校学生的第二课堂，相比于教师授课而言更能发挥同学们的自主性，可以展开更加深入、效果更好的各类活动。所以，让传统文化融入学生社团活动，更能实现中华优秀传统文化的教育意义，学生的自主实践也能助力优秀传统文化创新发展。

马克思主义关于人的全面发展理论认为：全面发展的人是精神和身体、个体性和社会性得到普遍、充分、自由发展的人。充当其中媒介的是实践、教育和学习。因此，在马克思看来，人的全面发展的实现是一个实践性议题。将中华优秀传统文化通过思想政治教育内容融入学生社团活动，在实践活动中学习认可相关文化，让个体在实践中得到思想层次的提升和观念的内化，十分有必要。现实生活中学生社团建立的初衷一般都是满足学生的爱好或兴趣，将思想政治教育融入学生社团，能够提供良好的育人途径，让学生乐于接受与学习，最终在内心完全接纳中华优秀传统文化，培养对中国特色社会主义的坚定信念，坚定道路自信、理论自信、制度自信、文化自信，以更加积极的历史担当和创造精神为中国梦的伟大复兴做出新的贡献。

在具体实现路径上，本书所整合的政策各有偏重，但主题有四点：围绕顶层设计、拓展元素内涵、多元特色发展、保障团队体制。围绕顶层设计，是要牢牢把握立德树人根本任务与传承传播中华优秀传统文化这一中心思想，同时也要从学校社团本质层面出发，以兴趣为导向，吸引学生参与，激发他们的学习热情。拓展元素内涵，需要做到灵活设计教育内容，因地制宜，借助当地特色资源或时事热点开展相关活动，使传统文化教育生动多样。多元特色发展，是强调教育形式的多样化发展，通过打造特色品牌延伸其教育价值，营造革新氛围。保障团队体制，则是指做好后勤工作，学校联合当地政府制定详尽合理的思政教育目标与科学规范的评价体系，同时强化师资队伍，确保硬件质量，充分发挥高校学生社团在传承传播中华优秀传统文化中的作用，以思想政治教育为出发点和落脚点，将其贯穿高校学生社团建设与运作的全过程、全环节。

　　总之，本书认为，以思想政治教育为主导路径的中华优秀传统文化创新发展是历史所趋，时代所向，如何在做好高校思想政治教育的同时，让中华优秀传统文化得到更好的传承，发挥更大的作用，实现立德树人的根本任务，是具有时代价值和深远意义的课题。

第二章 中华优秀传统文化传播与高校学生社团实践的逻辑契合

上一章梳理了学生社团与中华优秀传统文化的相关概念，厘清了研究的目的和意义。那么，为什么要将中华优秀传统文化与学生社团放在一起进行研究？具体说，高校学生社团为何能够传播中华优秀传统文化？两者具有什么样的逻辑契合点？为了回答这一问题，本章将从精神理念契合、发展需求契合、功能价值契合、内在驱力契合四个角度开展分析，阐明中华优秀传统文化与高校学生社团的契合逻辑，以从理论层面厘清逻辑脉络，为接下来的进一步研究打好基础。

第一节 精神理念契合：中华优秀传统文化作为学生社团实践的文化源泉

中华文化积淀着中华民族最深沉的精神追求，是中华民族生生不息、发展壮大的丰厚滋养[1]，其中既有丰富的学术思想和文化历史，也有深厚的人文情怀和精神品格。

自先秦以来，无数先哲为后世留下了取之不尽的思想财富。儒家阐扬仁义、诚恕、中庸的道德思想，抒发仁政、爱民、大同的政治理想，广布因材施教和人人平等的教育理念，树立六艺兼备、智勇兼具的立身要求，为后世所敬仰；道家对宇宙根源和规律之"道"的概括，对于事物矛盾及

---

[1] 习近平：《习近平谈治国理政》（第一卷），外文出版社，2018年版，第155页。

其转化的辩证规律的解释，对于阶级社会制度与文明的批判都令人深思；墨家"兼爱""非攻""尚贤"，以"三表法"为求真理的标准，重视节俭和工艺制作，积极实践舍己为人的精神，呼唤着我们创造美好未来。此外，魏晋玄学对名理的思辨、隋唐佛学对大乘佛教的发展、宋明理学对理气和心性问题的探讨、五四运动时期的思想启蒙……海量的思想与人文精神无不构筑起中华民族的内在气度。

回到中华优秀传统文化与学生社团层面，传统文化包含了自成体系的文学、艺术和手工业、科技成就。四书五经、唐诗宋词、明清小说、琴棋书画、石刻壁画、汉服风雅……这些丰富的文化财富既是学生社团安身立命的根本，也为其提供了源源不断的精神指引与灵感来源，是滋养高校学生社团的源头活水。因此，从学生社团诞生的那一刻起，就天然并必然地与中华优秀传统文化传播产生了紧密的联系，肩负起传播与传承中华优秀传统文化的重任。对二者之间逻辑关系的剖析既是对本书主旨的深层观照，也是承上启下，为后续研究奠定基础的关键环节。

一、中华优秀传统文化为学生社团命名提供灵感来源

对学生社团而言，名称是社团的符号，是社团定位的体现，中华优秀传统文化与学生社团的第一个内在契合便是前者为后者提供命名的灵感来源。

大量学生社团在创建之时，便会选择一个主题作为自身的"招牌"，而中华优秀传统文化则成为非常热门的选择。部分学生社团会直接从传统文化视角出发，为社团命名，如"中华文化读书会""巴蜀文化研究会"等；也有的学生社团会选择更具体的文化元素，如"壁画研究会""皮影协会""戏曲协会"等；还有的学生社团选择具有中华优秀传统文化意蕴的词汇，如"在兹国风社""雅韵古典文学社"等。学生社团的名称是打造品牌的关键。要塑造学生社团文化品牌，须充分挖掘品牌亮点，树立鲜明特色、提炼自己独特的精神内核、创新形式与内容，塑造出区别于其他学生社团的、有自身特点的品牌。对于学生社团来说，从丰富的传统文化宝库中汲取命名灵感，是建设高质量学生社团、扩大知名度和影响力的关键。

第二章　中华优秀传统文化传播与高校学生社团实践的逻辑契合

不难看出，从某种程度上而言，高校学生社团是弘扬和传播中华优秀传统文化的一个支点，而中华优秀传统文化也是学生社团生存发展的精神源泉。二者存在着支撑与被支撑、依赖与被依赖、传播与被传播的关系。当学生社团自愿选择以传统文化元素进行命名，便在很大程度上与中华优秀传统文化建立了紧密的联系，名称所带来的符号效应也成为社团开展活动、发展自身的有力牵引。通过在中华优秀传统文化中汲取养分，学生社团得以扎根并成长起来。

目前学生社团依托中华优秀传统文化资源命名也存在着一些改进的空间。首先是缺乏统一、科学的高校学生社团命名规范；其次是许多学生社团命名缺乏专属字号。所谓字号，是彰显社团个性、凝聚力量和精神的象征，也是学生社团品牌化建设的核心标识，比如"雷雨话剧社"的"雷雨"即是一个清晰传递自身定位和个性的优秀字号；但是相当多的学生社团只是叙述了自己的性质和类型的标识，而没有自己专属的"字号"。这也从侧面表现出学生对中华优秀传统文化的认知和挖掘还存在一定的局限，二者的黏合度还有上升的空间。

二、中华优秀传统文化为学生社团活动策划提供选题来源

丰富、多彩、优质的高校学生社团活动能吸引大量学生参与，引导大学生了解、喜爱乃至自发传承、保护和创新中华优秀传统文化。无论大学生是活动的组织者、参与者还是观看者，都能在活动中得到锻炼和发展。

高校学生社团活动方向或类型主要有传统文艺类、志愿公益类、学术科技类、益智趣味类等，基本涵盖了素质教育的所有维度。学生社团活动的育人功能主要体现在价值导向引领、自我教育发展、能力互通融合、文化交流传播、身心健康提升、综合素质培养等方面。因此，大力开展形式多样的学生社团活动是实现素质教育的重要途径。

学生社团开展活动，需要提前确定一个主题，而中华优秀传统文化就提供了足够的选题灵感。事实证明，学生社团乐于从中华优秀传统文化中选题，开展一系列活动。近年来，高校学生社团纷纷以中华优秀传统文化为主题开展活动，以四川大学的学生社团为例，其中比较成功的系列活动有"中华优秀传统文化周""中华优秀传统文化系列讲座""春天诗会"

等，也有"古风音乐汇""诗词分享会"等单场活动。学生社团从中华优秀传统文化中汲取灵感，打造了一场场生动有趣的实践活动。

以"春天诗会"为例，该活动由四川大学文学与新闻学院主办，由学院下属的两个学生社团"青桐文学社"及"自在诗文社"牵头承办。在活动的策划阶段，便充分借鉴了传统优秀文化中的"诗歌文化"，以发扬和传承"诗歌文化"作为活动举办的初心。每年的三月，组织者在全校范围内广泛征集学生诗歌，诗歌体裁不限，可以是古体诗，也可以是现代诗。后经专家评审后评选出优秀诗歌，在晚会当天上台吟诵表演。在活动的策划过程中，舞台的布置、邀请函的设计、节目单的编排等都体现了"古风气韵"，紧紧贴合传承"诗歌文化"这一主旨。获得了多家媒体的报道和好评，现已成为四川大学代表性校园文化活动。如此可见，充分利用中华优秀传统文化中深藏的精神瑰宝，使其与现代高校学生社团活动相结合，形成"过去"与"现在"、"古时"与"今朝"的巧妙结合，是高校文化类学生社团发展的必由之路。

三、中华优秀传统文化为学生社团活动质量提供衡量指标

中华优秀传统文化的呈现与体验效果是衡量中华优秀传统文化实践活动质量的重要指标。评价一场中华优秀传统文化实践活动的效果，需要参考活动参与者的感受，回归中华优秀传统文化本身，去衡量文化呈现与体验的效果。

文化呈现指的是实践活动是否选择了合适的形式，使中华优秀传统文化主题的真实情状和魅力展现出来，主要用于衡量实践活动的执行程度。如与汉服文化相关的活动，就需要考察组织者是否了解汉服的历史渊源、穿戴要求、现代变革等各个要素并借此对活动的细节进行打磨和呈现，是否符合中华优秀传统文化的内在精神，活动的呈现是否达到预期效果等。对照中华优秀传统文化内涵，本着科学严谨的态度对中华优秀传统文化加以呈现和传播是活动取得良好效果的关键。

1984年，美国心理学家、教育家大卫·库伯（David Kolb）在杜威的经验学习模式基础上，提出了"体验式学习"概念——人的学习是建立在螺旋上升的体验过程中，包括首尾相接、相辅相成的4个部分：具体体

验、观察反思、抽象概括和行动应用,这一过程又被称为"体验式学习圈"。文化体验则更侧重于参与者的感受,即参与者能否融入实践活动、能否体会到中华优秀传统文化的美。要组织一场优秀的中华优秀传统文化实践活动,需要努力提升文化呈现与体验的水平。

高校学生社团实践在策划和实施过程中,需要因地制宜、因时制宜、因人制宜,使活动的文化呈现与参与者的需要,以及文化内容本身的特点相适应。举例说明,传统文学的体验学习应以掌握文化语境、理解价值内核及提升审美能力为导向,借助文本体验、情境体验和审美体验,实现对传统文学文化特征和社会功能的深层挖掘。文本体验包括阅读文本、想象文本、讨论文本等,学生可以根据自身经历、知识积累,在阅读基础上各抒己见,充分发挥想象力,从而更好地理解文本。传统演艺如传统音乐、传统舞蹈、传统戏剧等,具有共同的突出特点,即都是通过个人或群体的演绎展现文化价值,给人以美的感受。因此,演绎过程是这些文化形式得以活态传承的生命线,同时也是参与者体验学习并乐在其中,进而领略其文化魅力的关键。传统手工艺是人们精神世界和审美情趣的外显,集工与艺、德与美于一体。在相关学生社团实践中,动手制作的过程往往是活动文化呈现和参与者文化体验的重点。参与者在动手过程中感受手工艺中的文化意蕴,并在审美层面认识艺术之美,匠心之美,从而达到更高层次的审美境界;不仅提升了鉴赏美和创造美的能力,而且将自己的汗水与创意融入手工艺品中,从而认识到手工艺品生产创造的不易和传统技艺的魅力。

无论是活动的呈现还是参与受众的客观体验,都是衡量文化类学生社团活动举办成功与否的重要标准。而从深层次上而言,无论是活动的呈现状态,还是受众的体验效果都必须依托于活动对其所撷取的主题文化的了解与掌握程度,以及在此基础上结合现代文化特征进行的有效创新。唯有既尊重中华优秀传统文化的精神内涵,又适当进行创新以符合当代文化需求,文化类学生社团才能承担起发展自身与传扬中华优秀传统文化的重任。这既是中华优秀传统文化内在的传承要求,也是赋能高校文化类学生社团,促进其发展的内在逻辑。

第二节　发展需求契合：学生社团作为中华优秀传统文化传播创新的场所

高校学生对中华优秀传统文化的传承以自主学习和探究为重点，旨在培养文化创新意识，增强传承弘扬中华优秀传统文化的责任感和使命感。实践是检验真理的唯一标准，传统文化的创新也需要实践场所，而学生社团则为中华优秀传统文化的创新发展提供了优质载体和场所。

一、学生社团实践活动为中华优秀传统文化提供了现代化阐释空间

（一）中华优秀传统文化现代化阐释的内涵

中华优秀传统文化的现代化阐释，涉及两个问题。第一，如何界定中华优秀传统文化，更进一步而言，是如何界定"传统"和"文化"两个概念的问题。"传统"是个时间概念，与"现代"相对。而"现代"则是在西方兴起，并由西方所主导的一个概念。马克思将社会分成五个阶段——原始社会、奴隶社会、封建社会、资本主义社会、共产主义社会——而西方的现代概念对应的是从神学走向启蒙，从封建走向资本主义的过程。中国经历了漫长的封建社会时期，在近代历史上一直把反帝反封建作为变革的首要任务，因此，我们可以将"传统"这个相对的时间概念界定为新中国成立前。

至于"文化"，对这个概念的界定就相当困难了。一方面，古往今来，从西方到东方，无数学者都从自身经验入手对文化进行过定义，因此相当多的概念都可以分属文化；另一方面，就算是同一个地区，在不同的历史时期，"文化"的概念也在不断变化。如在英国，"文化"这个词在现代早期，表示管理庄稼或牲畜；16世纪，含义扩展到描述人的思想与精神发展；18世纪，又包含"趣味"之义；19世纪，指涉不同民族和社会的特

定生活方式。而在中国，文化也随着历史演进和朝代更替而不断丰富，随着地域拓展和民族融合而不断丰富。正如单世联在《文化大转型》中对雷蒙德·威廉斯（Raymond Williams）的《关键词——文化与社会的词汇》所总结的那样："文化"含义的诸多问题是由"工业""民主""阶级"等词的改变所代表的历史变迁引起的。① 总的来说，雷蒙德·威廉斯对文化的定义较为全面：首先是理想的定义，就某些绝对或普遍的价值而言，文化是人类完善的一种状态或过程。其次是"文献式"的文化定义，文化是知性和想象作品的整体，以不同的方式记录了人的思想与经验。最后，是文化的"社会"定义。文化是对一种特殊生活方式的描述，不仅表现为艺术和学问中的某些意义和价值，也表现为制度和日常生活中的某些价值和意义。

第二，如何理解现代化。本书在对"传统"的界定中已经说明，"现代"是一个来自西方的概念，也可称为"现代化"或"现代性"。韦伯（Max Weber）在对新教伦理和资本主义的考察中也指出现代与传统的分野。从传统到现代，即宗教-形而上学体系解体，世界开始"祛魅"并由理性主导。具体地说，这意味着宗教-形而上学不再能作为解释世界的终极意义而发挥作用，而遵循自身规律的目的理性行为的领域开始分化并独立发展。以艺术为例，宗教既是艺术创作的源泉，也对艺术创作加以束缚而使其风格化，但宗教所要求的艺术内容与艺术自身的感性形式始终存在着深刻冲突，艺术形式内在地具有超越宗教象征、寓意的要求。因此，自律的艺术观念表明了艺术观念的现代性起源，艺术作为一种反宗教的理性力量，把世界从巫术与神话中解放出来，重建一种基于科学理性基础上的主/客关系。而拥有这种自律特点的领域并不止艺术，"现代化"其实是经济、社会、法律制度性的理性化，是意义、价值的主观化、相对化的过程。

所以，中华优秀传统文化的现代化阐述，从理论层面来说，阐述的是文化与现代经济、社会、政治、技术的关系，重建现代文化；从实践层面

---

① 单世联：《文化大转型：批判与解释——西方文化产业理论研究（上）》，中国社会科学出版社，2017年版，第8页。

来说，阐述的是中华优秀传统文化在现代如何创新，如何顺应时代的问题。

（二）为什么需要对中华优秀传统文化进行现代化阐释

美国社会思想家丹尼尔·贝尔（Daniel Bell）认为，现代社会由经济、政治、文化三大领域构成，文化必须参照经济、政治来探索和确立自己的本质。

实际上，此处的现代阐释更应理解为当代阐释，这对应了从现代到后现代，从文化经济化、技术化、政治化到经济、技术、政治文化化的过程。这也就回答了我们为什么需要对中华优秀传统文化进行现代化阐释这一问题。

从传统到现代，经济、技术、政治、文化逐渐分化，各自发展，但资本主义时期却是一个经济支配文化、技术脱离文化、政治利用文化的历史阶段，这引发了很多学者的关注。在经济方面，马克思提出过经济基础决定上层建筑的论断，波兰尼（Karl Polanyi）提出过经济脱嵌论；在技术方面，芒福德（Lewis Mumford）率先指出机器对人的异化，斯蒂格勒（George Stigler）的"超工业化"表明现代数字技术加深了人的无产阶级化；在政治方面，马修·阿诺德（Matthew Arnold）和席勒（Herbert Schiller）都提出过以文化教化群众服从统治，并以此建立国家的理念。这是一个各领域从被文化约束的传统时代转向约束文化的现代世界。

而从现代到后现代，即我们生活的时代，世界又发生了巨大的变化。经济方面，开始关注平等、公正、绿色等问题；技术方面，开始关注伦理、和平等问题；政治方面，开始关注各种微观层面的权力斗争。文化、经济、技术、政治相互依存，相互促进。对中华优秀传统文化进行现代化阐释，不仅在于理解当代文化形式与经济技术的关系，如多媒体艺术、各种文化商品等，更有助于我们弄清楚文化、经济、技术、政治之间的关系，并在此基础上深刻理解世界的发展趋势。

日新月异的经济、技术、政治、文化变迁带来了全球化浪潮的全新趋势。从某种程度来说，全球化是一个人类文明前进的信号，预示着人类世界逐步走向现代化。而每个国家的现代化进程不尽相同。所以，中国这个有着深厚文化根基的国家,在现代化的过程中,应当贡献不一样的经验。这也是对中华优秀传统文化进行现代化阐释的意义之一。

(三) 为什么是高校学生社团为中华优秀传统文化提供现代化阐释空间

那么,为什么高校学生社团能够也应该为中华优秀传统文化提供现代化阐释的空间?或者换句话说,高校学生社团的哪些特质为其传播中华优秀传统文化提供了便捷性和可行性?

从客观层面来说,高校学生社团的主体是学生群体。顺应历史趋势,对中华优秀传统文化进行现代化阐释,在世界舞台讲好中国故事、发出中国声音,为人类文明的发展做出贡献,这些都是中国青年应然的历史使命。相较于其他层次的学生群体,高校学生群体的综合素质较高,是国家未来发展建设的中坚力量。他们肩负的中华优秀传播文化传播与传承的任务更重、紧迫性更强,在客观上要求其发挥主观能动性,进行创新式文化传播。此外,高校的氛围相对宽松和包容,普遍鼓励学生开展具有创新性和创造性的活动,创新的空间较大,自由度较高,这也在一定程度上提升了高校学生社团在中华优秀文化传播方面的阐释力。从这个层面来说,为中华优秀传统文化提供现代化阐释是高校学生社团的使命担当。

从主观层面来说,第一,高校学生正处于充分发挥主观能动性、积极接触当代世界的年龄段。他们在积极接触世界的过程中所获得的经验更加先进,感悟更加深刻,能力更加扎实,如果能进行合理引导,他们就可以对中华优秀传统文化进行基于现代理解的阐释,丰富中华优秀传统文化的内涵。第二,高校学生更具活力、更具创造力。他们能够创造性地运用现代化过程中所获得的经验和感悟,对中华优秀传统文化进行创新性理解,从而实现对中华优秀传统文化的现代化创新阐释。

正是由于高校、高校学生、高校学生社团的上述特征,这三者才共同为中华优秀传统文化的传播及传承提供了良好的创新空间和阐释场所,并在很大程度上促进了相互的融合。

二、学生社团实践活动充当了中华优秀传统文化与青年群体的连接桥梁

（一）中华优秀传统文化与青年群体相连接的必要性

上文已说明了中华优秀传统文化具有现代化阐释的必要性，以大学生为代表的青年群体在中华优秀传统文化现代化阐释中发挥着重要作用。而这些都建立在一个前提下，那就是青年群体对中华优秀传统文化有足够的了解。之所以提出这一点，是因为现代商业文化受美国为代表的西方国家主导，如好莱坞文化等。它们具有巨大吸引力，能够对青年群体产生极大的影响。因此，要想培养青年群体创造性阐释中华优秀传统文化的能力，让中华优秀传统文化在现代化浪潮中重新焕发活力，促使青年了解并喜爱中华优秀传统文化是一个必要前提。此外，中华优秀传统文化与青年群体进行连接也将对青年群体产生影响。中华传统文化博大精深，其中的优秀精神对青年的人格塑造有着促进作用，其中的优秀文艺作品对青年的文化素质有着积极影响。中华优秀传统文化对青年的教育起着至关重要的作用，可以很好地契合国家立德树人的任务目标。因此，中华优秀传统文化与青年群体的连接将达成一种相互促进的关系。

而学生社团作为青年学生聚集的组织，一方面，能够在青年学生群体中起到广泛的号召作用，具有极强的动员力和引导力，能够引导青年学生通过参与学生社团活动加深对中华优秀传统文化的了解；另一方面，学生社团作为中华优秀传统文化的载体和平台，能够在文化传播中发挥重要作用。因此，从某种程度上而言，学生社团便是将文化与人连接起来的中介，学生社团活动便是促使人开展文化传播活动的桥梁和动力。

（二）青年对中华优秀传统文化的态度

现代化语境下的流行文化是一种大众文化，一种商业文化。但是，我们应该注意到，古代的文化资源为现代文化产品的生产提供了大量素材，广大的公共领域为文化生产提供了空间。这也很好地说明了中华优秀传统文化与现代文化的一种联系——虽然中华优秀传统文化可能存在了很长一

段时间,虽然如今的人们可能已经不太了解,但是中华优秀传统文化是一种很有价值的文化资源,可以为现代文化注入活力,凭借现代的经济、技术,同样可以创造出青年群体热爱的文化形式。

事实也确实如此。调查发现,不少青年群体对传统文学、戏剧等中华优秀传统文化的内容和形式并没有那么感兴趣。我们常说文学代表了一种传统精英文化,是一种相对高雅的文化;而高雅文化自古以来,无论东方西方,普通大众都并不太感兴趣。而在研究过程中,笔者注意到,一些运用现代视觉技术改编的文学艺术作品或戏剧表演,更能吸引青年群体的广泛关注,进而这些文化也借助现代经济、技术重新焕发了活力。另外,游园、说相声、唱歌等形式,能很好地吸引广大青年群体,极具发展潜力。

所以,中华优秀传统文化能否被青年接受,与它本身特质及其能否进行现代形式的创新转化有关,也与青年群体的品位紧密相关。而无论如何,通过学生社团这一媒介,以学生社团的文化活动作为载体,青年群体对于中华优秀传统文化的认知正在加深,已成为不争的事实。

(三)学生社团在中华优秀传统文化与青年之间的作用

学生社团之于青年学生群体的作用,表现在以下几个方面:第一,从群体心理学角度来看,人类的群体活动可以帮助了解人与人之间互助的本质,教育青年学生形成正确的生活态度,从人际交往中获得更强的领悟力,构筑独立的、成熟的人际关系。大学生参与学生社团活动,有助于提高工作效率、提升领导能力、学习交往技巧、学会安排时间、增进团队合作以及培养个人兴趣。第二,从大学生发展理论来看,大学生参与学生社团活动有助于培养他们的社会责任感、集体荣誉感等优秀品质,促进大学生的成长成熟和整体发展,实现大学生的社会化。第三,从校园文化角度来看,由大学生自主决定学生社团活动的内容与形式,这是培养大学生综合能力的重要方式。通过开展以学生社团为主导的校园文化活动,大学生在学到知识和技能的同时,还锻炼了自身的组织、管理、社交、应变等综合能力。第四,从社会实践角度来看,个体主动参与实践活动,能使自身经验及观念不断得到丰富与完善。

将学生社团、中华优秀传统文化和青年学生群体结合起来看,学生社团作为一种依靠兴趣组织起来的学生自治团体，一方面是校园文化的一部分，这种文化潜移默化地发挥作用，促进青年成长成才；另一方面，学生社团作为青年群体的第二课堂，对他们各方面能力的培养起着不可替代的作用；此外，还可以充当传统文化现代化阐释的场所，让青年积极发挥主观能动性和创造性，开展创新中华优秀传统文化实践活动。简言之，学生社团既是中华优秀传统文化和青年连接的场所，又是青年发挥潜能、创造性阐释中华优秀传统文化的空间。

三、学生社团活动促进了中华优秀传统文化的创新性发展

所谓创新性发展，就是要按照时代的新进步、新进展，对中华优秀传统文化的内涵加以补充、拓展、完善，增强其影响力和感召力。这可以与上文所述之中华优秀传统文化的现代化阐释联系起来。我们必须注重中华优秀传统文化与现代经济、技术、政治以及人才的关系。技术、政治提供了中华优秀传统文化现代化阐释的物质基础、客观条件，人才的创造性才是推动中华优秀传统文化内涵不断丰富的根本，几者相辅相成，共同推动中华优秀传统文化的发展。学生社团由学校团委领导，并聚集了一大批有中华优秀传统文化知识、有技术能力、有创造性的青年学生群体，理应成为促进中华优秀传统文化创新性发展的重要力量。

中华优秀传统文化的创新需要因地制宜、有理有据，依照现实情况进行文化选择、活动策划、宣传推广和内容呈现。在不同的场合，各种因素的选取大有不同。学生社团作为高校中学生自主性较强的组织，其突出的主体性、社会性、开放性和教育性非常有利于中华优秀传统文化的传承和创新。学生社团开展活动以兴趣驱动为主，氛围相对轻松，组织和策划者的压力相对较小，便于对中华优秀传统文化进行创新。

高校学生社团对中华优秀传统文化的创新创造主要有以下形式：一是结合当下实际对中华优秀传统文化某个方面进行新的思考和阐发，从而使之与现代生活高度接轨。二是通过活动策划，创新出与中华优秀传统文化元素相匹配的实践形式，为参与者带来独特的体验感受，这种创新方式相对容易，被广泛采用。学生社团还可以同时对文化本身和开展方式进行创新，但由于学生本身的经验普遍不足，故此种形式比较少出现。无论用什

么样的方式和形式，依托学生社团开展中华优秀传统文化创新都具有积极价值，值得鼓励和发扬。

第三节 功能价值契合：立德树人作为两者兼具的内在功能

党的十九大指出要全面贯彻党的教育方针，落实立德树人根本任务。落实立德树人的根本任务要解决培养什么人、怎样培养人、为谁培养人的问题。《中华人民共和国教育法》第七条规定教育应当"继承和弘扬中华优秀传统文化、革命文化、社会主义先进文化，吸收人类文明发展的一切优秀成果"[①]，这说明将中华优秀传统文化运用于教育中，早已得到广泛认同。

习近平总书记指出，育人的根本在于立德。全面贯彻党的教育方针，落实立德树人根本任务，培养德智体美劳全面发展的社会主义建设者和接班人，是高校的重要任务。作为高校组织育人的重要主体，落实立德树人任务是学生社团建设和发展的必然要求，应当积极发挥学生社团作为第二课堂的平台优势，提升学生的人文素养和思想道德水平，培育高校学生社会主义核心价值观。

传统文化源远流长、博大精深，包含着中华民族最根本的精神基因，是社会主义核心价值观的深厚基础。从这个角度来说，中华优秀传统文化和学生社团都不约而同地承担起了立德树人的责任，具有教育功能上的耦合性。

一、两者皆以中华传统价值观念为指引

中华优秀传统文化是中华传统价值观念指引下的产物，其所遵循的基

---

① 参见中国人大网：《全国人民代表大会常务委员会关于修改〈中华人民共和国教育法〉的决定》，2021年4月29日。

本原则、文化内涵、发展动力等均离不开传统价值观念的影响和浸润。而对于高校学生社团而言，其所坚持的立德树人的基本遵循、社会主义核心价值观的基本理念等也无不深受中华传统价值观念的影响。从这个意义层面而言，两者是在中华传统价值观念指引下相生相融的价值共同体。

（一）中华传统价值观是中华文化的精神基底

中华传统价值观内含于中华优秀传统文化之中。这些价值观积极倡导自强不息、厚德载物、贵和持中、崇尚礼仪、正道直行、持节重义、忠孝传家、勤俭持家、民为邦本、平等均衡、心忧天下、敢为人先、物我相亲等思想价值，是中国文化代代相传的内在动因。

发展到今天，中华传统价值观的重要性愈发凸显。在中共中央政治局第三十九次集体学习时，习近平总书记将中华优秀传统文化的时代价值阐发为"讲仁爱、重民本、守诚信、崇正义、尚和合、求大同"等内涵。这些精辟概括，紧扣时代要求，为中华优秀传统文化现代价值转换提供了方向指导。这些价值滋养了一代代青年学子高雅的精神品质和审美情趣，有利于培养大学生的家国情怀、和谐仁爱的社会情怀，促进其人格修养的提升。在中华传统价值观念的指引下，中华优秀传统文化顺势而生、蓬勃发展，绵延至今，在中华民族伟大复兴的进程中发挥着重大力量。因此可以说，中华传统价值观念是中华优秀传统文化的根基，是中华文化得以发展传承的精神基底。

（二）中华优秀传统价值观是学生社团发展的内在指引

高校学生社团的发展同样离不开中华传统价值观的指引。首先，中华传统文化中优良的价值观念能够以其具有时代气息的价值观念内核，为高校学生社团提供精神指引。中华传统价值观念与大学生成长成才的价值引领需求相适应，其丰富内涵能够通过课程思政和学生社团实践等多种形式传递给学生，培育学生的人文关怀和道德品质。其次，中华传统价值观念包含了立德树人根本任务的内在要求。中华传统文化强调自强不息、厚德载物、敢为人先、崇尚正义等高尚品德，其中便包含了"立德"的基本内涵。高校思想政治教育正是立足于中华传统价值观念并发展演变而来，其目标便是培养"有理想、有道德、有文化、有纪律"的四有青年,这在很大程度上与中华传统价值观念一脉相承,是对当代青年群体的价值约束与要求。而学生社团作为重要的立德树人载体,必然要延续和传承中华传统价值观,以其作为自身发展的内在指引。

二、两者皆包含文化育人的价值导向

(一)文化育人的概念及其提出

文化育人是中国教育界和青年工作领域原创的本土概念。20世纪80年代我国学术界兴起文化热,引发了教育理论界对文化与教育关系的讨论,有的学者开始提出文化育人。1990年4月,在中国高等教育学会、团中央宣传部联合召开的首次校园文化研讨会上,时任团中央书记处书记的李源潮在发言中提出:"随着中国社会现代化的进步,文化育人的特征越来越明显。"[①] 1995年开始,我国高校开始开展文化素质教育。2002年,时任教育部副部长袁贵仁指出,大学是通过文化培养人才的;所谓教书育人、管理育人、服务育人、环境育人,说到底都是文化育人。[②] 2011年4月24日,时任国家主席、中共中央总书记胡锦涛在庆祝清华大学建校100周年大会上的讲话中明确提出:"要积极发挥文化育人作用,加强社会主义核心价值体系建设,掌握前人积累的文化成果,扬弃旧义,创立新知,并传播到社会、延续至后代……"[③]《中共中央关于深化文化体制改革 推动社会主义文化大发展大繁荣若干重大问题的决定》中指出,文化是民族的血脉,是人民的精神家园。这一论述对文化、文化育人的意义,阐述得十分深刻、透彻。习近平总书记在全国高校思想政治工作会议上强调,要更加注重以文化人、以文育人,要不断提高学生思想水平、政治觉悟、道德品质、文化素养,让学生成为德才兼备、全面发展的

---

① 转引自刘献君:《论文化育人》,载《高等教育研究》,2013年第2期。
② 参见袁贵仁:《加强大学生文化研究 推进大学文化建设》,载《中国大学教学》,2002年第10期。
③ 汤一介:《发挥文化育人作用》,载《光明日报》,2011年5月6日。

人才。①

文化育人是新的历史条件下以习近平同志为核心的党中央对高校思想政治工作提出的新要求，其基本内涵就是用文化教育人、熏陶人、感染人，让文化以潜移默化的方式影响人的思想意识和言行举止，从而提升人的思想觉悟、道德修养、精神境界和综合素质，促进人的全面发展。

文化育人是指在文化传承与创新的过程中，引导人们进行正确的文化选择，使社会文化转化为个体文化，从而实现人的自我完善与自我超越的过程。对于高校学生社团来说，文化育人是以人类优秀文化成果、特别是中华优秀传统文化的正向价值为导引，教化高校学生走向道德、理性、真善美，从而实现立德树人的目标。

(二) 中华优秀传统文化的育人功能

梁漱溟在分析文化对人的影响时有过这样的论述："文化并非别的，乃是人类生活的样法"，"生活上抽象的样法是文化"。② 作为一种无处不在的精神力量，文化影响着人们的思维方式和生活方式，更深远地影响着人们世界观、人生观和价值观的形成。

文化与教育具有双向促进作用。一方面，教育作为文化传承的重要途径，对于文化本身及其传承保护主体的再生产起着至关重要的作用；另一方面，中华优秀传统文化日益成为富有潜力和特色的优势教育资源。"文化自信"的提出更使得文化的育人功用备受关注，教育领域的文化育人走入新的发展阶段。

中华优秀传统文化是伦理型文化，"修身、齐家、治国、平天下"包含着丰富的育人内涵。习近平总书记曾引用"修其心，治其身，而后可以为政于天下"，来强调自身修养的重要性。"敢为天下先"的担当精神、"天下兴亡，匹夫有责"的报国情怀等，对于今天培育大学生的爱国爱党精神，都有着积极的现实意义。

中华优秀传统文化中的民族精神能够增强大学生的民族自信心；百家

---

① 习近平：《把思想政治工作贯穿教育教学全过程　开创我国高等教育事业发展新局面》，载《人民日报》，2016年12月9日，第1版。
② 梁漱溟：《梁漱溟全集》（第一卷），山东人民出版社，1989年版，第380~381页。

争鸣的思辨精神传统,有利于培养大学生的学术自由和独立精神;勤俭、博爱、慎独等道德规范和"仁义礼智信"的道德体系,有利于培养大学生的高尚品德,提升其道德境界;"苟日新,日日新,又日新"的求变思想,能激励大学生勇做时代的开拓者。

(三)高校学生社团的文化育人实践意义

中华优秀传统文化与高校学生社团实践的结合,能够充分发挥文化育人效能,将中华优秀传统文化融入高校学生社团实践中,对落实高校文化育人职责有着特殊的作用。学生社团不仅是第二课堂,还是将与大学生成长成才紧密相关的优秀传统文化内容融入高校文化育人工作的有效载体,能够帮助大学生养成健全的人格,坚定中华民族文化自信和底气,成为时代和社会发展所需要的人才。

高校学生社团需要通过一定的仪式、制度、管理、活动彰显自身的价值取向、文化形态。内涵丰富、形式多样的品牌活动,将学生社团的价值追求和文化意蕴赋予隐性的教育载体,并通过树立偶像、打造明星、制作产品等方式潜移默化地进行输出,使学生浸染在学生社团文化的育人环境中,形成深厚的文化体察和强烈的精神共鸣。

高校校园文化的营造是文化育人的基础。高等院校必须建设与所在地方经济文化相适应的、具有院校自身特色的校园文化。学生社团作为校园文化的重要载体,在传承中华优秀传统文化、培育校园文化、丰富校园生活、拓宽认知领域、实现自我价值、凝聚人心、激发创造等方面都有着重要的作用。以建设弘扬中华优秀传统文化相关学生社团为媒介,发挥高等教育学术资源优势,能加速融合中华优秀传统文化特色的校园文化的形成,从而为高校落实文化育人功能创造必备条件。

三、两者皆是大思政体系的重要组成部分

(一)大思政体系对当前高校思想政治教育痛点的回应

"大思政"指的是一体化领导、专业化运行、协同化育人的理念和体制机制,旨在通过构建思想政治教育的大格局和有效协同的体制机制,打

好组合拳,推动各领域、各环节、各要素协同育人,以增强思想政治教育的实效性。

习近平总书记从百年未有之大变局的世界视野和实现中华民族伟大复兴战略目标的高度,强调了思想政治理论课建设的战略性、全局性和时代性意义,指出"只有打好组合拳,才能讲好思政课"。目前,高校思想政治教育还存在着针对性不足、说服力欠缺的问题,教学效果离党和国家的殷切期望还有距离,与大学生思想政治素质成长需求和期待还不相符。对此,习近平总书记指出,新形势下提高高校思想政治工作实效性的关键,是提升思想政治教育亲和力和针对性,满足学生成长发展需求和期待;统筹构建"大思政"育人格局,建立并完善"大思政"的体制机制,推进高校思政育人体系的整体创新发展。

(二)中华优秀传统文化是大思政体系的重要思想资源

中华优秀传统文化形成于中华民族几千年来的悠久历史中,是中华民族立足于世界之林的根基。将中华优秀传统文化融入大思政体系之中,有极为深远的现实和历史意义。

大思政体系框架下,中华优秀传统文化融入高校学生社团,有助于传承和弘扬中华民族优秀传统文化。教育部印发的《完善中华优秀传统文化教育指导纲要》指出:"大学阶段,以提高学生对中华优秀传统文化的自主学习和探究能力为重点,培养学生的文化创新意识,增强学生传承弘扬中华优秀传统文化的责任感和使命感。"[①] 传承创新优秀传统文化是高等教育的重要使命,中华优秀传统文化具有历史延续性,其精神意蕴一脉相承,根植在每个中国人的血液之中,极易唤起人们的情感认同,从而成为大思政体系的重要思想资源和内容补充。

(三)高校学生社团是落实思想政治教育的重要渠道

当前,高校思想政治教育主要对象是"95后"和"00后"的大学生,

---

① 中华人民共和国教育部:《教育部关于印发〈完善中华优秀传统文化教育指导纲要〉的通知》,2014年3月26日。

他们思维活跃、富有个性，是网络的"原住民"。面对这一代人，传统的、线性的思想政治教育观念显得较为落后。高校学生社团将具有共同爱好和兴趣的学生凝聚在一起，有利于思想政治教育有序化和高效化。

学生社团是将理想信念、专业知识、人际交往、团队精神有机融合的肥沃土壤，是传递思想价值的重要载体，是大学生思想政治教育重要的延伸阵地，承担了思想政治教育力量补充、同辈教育、自我教育等功能。

在学生社团开展中华优秀传统文化实践活动的过程中，中华优秀传统文化将会潜移默化地对举办者和参与者产生影响。高校学生社团的文化育人，是在大学生与学生社团文化的互动、交融、影响中，将学生社团文化内涵逐步转化为自身理想信念、价值追求、道德品行和综合素质的过程。学生社团文化育人作用的发挥是作为接受主体的大学生与作为接受客体的学生社团文化相互作用、互相影响的结果，体现为学生社团内的文化传播—文化接受—成员行为调整的"三重递进循环结构"。

例如，有学生社团开展有关中秋文化的实践活动，其中就包括了猜灯谜、做月饼和赏月等环节。活动开始前，学生社团的策划者需要主动了解与中秋相关的典故相关细节，如月饼的制作、灯谜的传统等；在具体的实践过程中，策划者和参与者互动，在不断的交流中深化对中秋文化的记忆、理解和认同。这样的活动不仅可以加深对既有常识的印象，还可以在实践中了解更多文化的细节，在寓教于乐与潜移默化中提升学生对中华优秀传统文化的热爱。中华优秀传统文化积极的价值观有效满足了学生社团组织的育人要求。

此外，学生社团可以通过发掘那些对中国历史文化、对中国人精神生活产生重要作用的中华优秀传统文化因素，表达中华民族特有的民族性格和民族精神，使参与者在活动中得到启示、受到教益、提升境界。高校学生社团在落实思想政治教育中的作用可见一斑。

第四节　内在驱力契合：趣缘作为两者发展的驱动力量

一、两者皆以趣缘关系作为重要发展动力

基缘是构成人际关系的最基本的因素，包括血缘、地缘、业缘、趣缘等。趣缘是基缘的一种，指人们在交往过程中，因趣味相投而建立的朋友、球友、棋友等多种人际关系。趣缘人际关系是以人们之间的感情和趣味为介质而建立的，它对于协调人与人的关系有重要的意义。郑杭生认为狭义的社会群体指由持续的直接的交往联系起来的具有共同利益的人的群体。[①] 如以血缘结合起来的群体，是家庭、家族一类的群体，以业缘结合起来的就是职业群体。趣缘群体是建立在趣缘关系基础上的社会群体，是对某一特定的人或事物有持续性兴趣爱好的人组成的以"趣缘关系"为基础的兴趣共同体。这种趣缘关系建立在共同的兴趣爱好、价值取向的基础上，比如传统社会中的黄梅戏迷群，网络虚拟社区中的粉丝群、小清新族群、极客、维客，等等。

趣缘关系和趣缘群体的相关研究，可以追溯到20世纪后半叶美国的城市社区研究和英国伯明翰学派的亚文化研究。20世纪70年代，美国社会学家费舍尔（Claude S. Fischer）在其著作《社会网络与场所：城市环境中的社会关系》中指出，居住在非邻近地域的居民通过特定关系（如共同兴趣或爱好、共同价值观等）组成一个群体，从而形成自己的社会网络。美国学者罗伯特·普特南（Robert Putnam）在《独自打保龄球：美国下降的社会资本》中指出，以兴趣为纽带形成的俱乐部及其成员之间的社会交往是社会资本的重要构成部分。

除了城市社区研究之外，由伯明翰学派主导的亚文化研究也包含了趣

---

① 参见郑杭生：《社会学概论新修精编本》，中国人民大学出版社，2020年版。

缘文化的概念。根据学者盖尔德（Ken Gelder）的界定，亚文化群是指以特有的兴趣和习惯，以共同的身份、行为以及所处的地域而在某些方面呈现出非常规或边缘状态的人群。群体成员具有共同兴趣的如二次元、汉服群等亚文化族群都是某种程度上的趣缘群体。在理论建构方面，伯明翰学派着重对亚文化风格进行解读，认为亚文化群体通过采纳和适应物质客体，并把其重新组织化成为一种独特的风格，表达了它们作为一个群体存在的集体性。学生社团作为基于共同的兴趣爱好而成立的学生组织，其本质便是一种以趣缘关系为依托的趣缘群体，趣缘关系也构成了学生社团组织最基础的发展动力。

二、作为趣缘关系凝结核的中华优秀传统文化

中华优秀传统文化趣缘群体的形成和发展，是中华优秀传统文化广泛传播和接受的结果。换句话说，中华优秀传统文化在广泛传播中，显示出了强大的吸引力，将青年凝聚于各式各样的兴趣团体当中，成为中华优秀传统文化趣缘群体形成过程中不可或缺的"凝结核"。传承中华优秀传统文化不仅需要挖掘其内在文化价值，同时也要挖掘其趣味价值和趣缘价值。趣缘意味着学生社团成员间有着共同的爱好，从而产生了基于爱好的感情连接。情感的相互连接与支持让社团成员的关系更为紧密，社团成员从中获得了情感共鸣，增加了学生社团的凝聚力。可以说，中华优秀传统文化为高校学生社团提供了形成趣缘的基础，以趣缘为导向，吸引了更多的志同道合的青年群体加入文化的传播和传承。

更进一步而言，高校中华优秀传统文化学生社团与中华优秀传统文化有深刻关联。一方面，这类社团是以中华优秀传统文化为趣缘核心的组织，内部成员在高校学生社团框架下聚合而形成趣缘群体。成员们基于对中华优秀传统文化的热爱进入这个学生社团，并以中华优秀传统文化为互动核心，实现个体间的沟通和交往。另一方面，不同于一般的中华优秀传统文化趣缘群体，高校中华优秀传统文化学生社团一般受到团委等学校部门的领导，需要服从学校的相关管理规定。但社团内部往往还存在着哈耶克所谓的"自由秩序"，即系统内部自组织产生的秩序。因为喜好相同而加入或因兴趣丧失而退出，在趣缘群体里是不具有强制

性的，成员的加入和离开都是受成员本人支配的自由行为。在指导具有趣缘群体特点的高校中华优秀传统文化学生社团时，要注意群体内部的"自发秩序"并加以正确引导，使之发挥传播中华优秀传统文化和助力学生社团文化育人的正面效果。但无论如何，中华优秀传统文化在其中发挥的凝聚作用不容忽视。

作为趣缘群体的高校学生社团为中华优秀传统文化传承发展提供了新的渠道和场域，促进中华优秀传统文化的社会互动和创新传承。过去，优秀传统文化的传播主要依靠书籍报纸、广播、电视，传播渠道单一，缺乏互动，表达形式枯燥。互联网传播影响下的具有趣缘群体特点的高校中华优秀传统文化学生社团，因其成员兴趣的凝聚性、内部人际关系格局的特殊性，以及成员作为青年高校学子文化水平高、思维活跃的特点，为中华优秀传统文化的传播发展提供了全新的渠道。从这个意义层面而言，中华优秀传统文化与高校学生社团之间形成了有益联动。

三、趣缘关系与高校学生社团成员的文化认同

本书在研究过程中发现，许多社团成员在加入社团时，对相关中华优秀传统文化知识了解比较有限。例如某汉服社的指导教师表示，刚开始接触汉服的同学往往对汉服的形制、汉服背后的文化了解不深。在加入社团、参与社团活动后，他们在指导教师和老社员的引领下一步步加深了对汉服的认知，为增强对中华优秀传统文化的文化认同和身份认同奠定了基础。

吉登斯（Anthony Giddens）在论述身份认同时指出，当个体主动或被动认同自己属于某个群体时，可以给人们带来自豪感、群体归属感，有的时候也可能是羞耻感。调研发现，高校中华优秀传统文化学生社团往往在其形成和发展过程中显示出趣缘群体的性质。例如，在汉服趣缘群体内，个体成员获得了汉服爱好者的身份，主动扮演起传承者和科普者的角色。这种群体身份给个体带来了强烈的使命感，巩固了个体对中华优秀传统文化的文化认同和身份认同。正如詹姆斯·凯瑞（James W. Carey）所言，传播是一种仪式，"在仪式观中'传播'一词的原型则是一种以团

体或共同的身份把人们召集在一起的神圣典礼"[1]。学生社团成员们在同一时刻一起穿着汉服共同参与汉服活动，通过这种仪式感，获取精神上的共识，体现自己的"同袍"身份。

在兴趣和认同感的驱动下，高校中华优秀传统文化学生社团在开展学生社团实践活动过程中，主要以知识科普和创造性生产等两种形式实现对中华优秀传统文化的创新传承。高校中华优秀传统文化学生社团对中华优秀传统文化的实践探索并不是仅仅停留在学生社团实践活动有限的特定时空中，而是在趣缘驱动下将集体文化实践的边界向日常生活世界不断拓展。例如，汉服社的成员通过参加线上线下活动，将汉服文化实践行为扩展为日常生活行为。正是在这种不断的碰撞与融合中，中华优秀传统文化与高校社团彼此赋能，成为无法割裂的统一体。

---

[1] 参见詹姆斯·W. 凯瑞：《作为文化的传播："媒介与社会"论文集》，丁未译，中国人民大学出版社，2019年版，第18页。

第三章　高校学生社团的中华优秀传统文化实践

在前面的章节中，我们分析了中华优秀传统文化跟高校学生社团之间的联系，下文将深入考察高校学生社团的中华优秀传统文化实践。中华优秀传统文化的传承、弘扬与革新需要通过实践这一纽带，完成对自身的扬弃、改造和创新，做到理论与实践相结合。"实践"一词同时包含"实行"和"履行"的意思，强调了高校学生社团开展中华优秀传统文化实践的必要性与使命感。研究作为当今高校育人体系重要组成部分的高校学生社团中华优秀传统文化实践，需要综合观察此类实践的整个活动周期，深入探讨其上层建筑、实际内涵和最终收效。着眼于此，本章将主要围绕高校学生社团的中华优秀传统文化实践的管理制度、活动情况、实际效果三个板块，以国内高校学生社团的普遍情况作为整体分析的宏观视角，以四川大学学生社团作为重点考察的具体案例，细致阐释高校学生社团在中华优秀传统文化实践方面的得与失。

第一节　高校学生社团的中华优秀传统文化实践管理制度

整体而言，"依法治校、民主管理"是现代大学管理体系的基本特征之一，管理制度建设对于现代大学的长远发展和学生的成长成才而言具有至关重要的作用。《劝学》篇曰"木受绳则直，金就砺则利"，强调人需要接受社会的磨砺才能不断提升自我；对于高校学生社团开展中华优秀传统文化实践来说，它们同样需要参照特定的准绳才能顺利开展相关实践活动，这便是针对高校学生社团制定的种种实践管理制度。1990年版的《财经大辞典》将管理制度描述为"对一定的管理机制、管理原则、管理方法以及管理机构设置的规范。它是实施一定的管理行为的依据，是社会再生产过程顺利进行的保证。合理的管理制度可以简化管理过程，提高管理效率"[①]。简言之，高校学生社团的实践管理制度就是基于帮助学生社团更好地运转、组织、实践的目的而制定的一系列管理条例和管理规定，这在客观上对学生社团的持续发展有着不可替代的功用。因此，想要研究高校学生社团的中华优秀传统文化实践，必须分析与之相关的规章制度，这是无法绕开的一个环节。本书将着重分析与高校学生社团的中华优秀传统文化实践相关的规章制度，重点以四川大学学生社团作为考察案例，阐释制度因素对高校学生社团开展中华优秀传统文化实践的多重影响。

一、实践管理制度建设现状

高校学生社团的实践管理制度是保证学生社团不断发展的前提条件，一方面落实国家相关政策，对高校学生的自我发展起着指导性作用；另一方面保障校园文化的蓬勃发展，促进校园文化建设与高等教育革新的双向融合。不同高校学生社团的实践管理制度可能存在差异，但它们的内核具有相似性与趋同性。一般而言，高校学生社团的实践管理制度主要由外部规章制度、内部行为文化两个部分组成，这两个部分对高校学生社团的中华优秀传统文化实践有着显著影响。

根据李宗云的观点，外部规章制度是保障高校与外界、高校内部的各项活动正常运行的一种科学机制，内部行为文化是高校及其内部的组织理念、培养目标、价值追求的外在表现形式，是通过教育管理活动和学生活动实践所反映出来的一种文化形态，这两个部分共同构成了高校学生社团实践管理制度的实际内涵。[②]

外部规章制度集中表现为明确允许或明令禁止的校内管理条例，是不

---

① 何盛明：《财经大辞典》（下卷），中国财政经济出版社，1990年版，第1537页。
② 参见李宗云：《社团活动在高职校园文化建设中的功能定位及实施对策》，载《职业技术教育》，2011年第23期。

能随意更改的,其主要作用为统筹规划与宏观指导校园文化建设中的各种高校学生社团活动,确保高校学生社团活动能够健康、有序、持续地开展。外部规章制度的制定与修订往往需要通过充分调研、详细论证和意见征集才能完成,需要在保证高校学生社团实践安全、满足高校学生社团实践需求的基础上进行,应当尽可能明确开展高校学生社团实践的指导思想,提供开展高校学生社团实践的经费支持,保证开展高校学生社团实践的科学性与实效性,促进高校学生社团实践的质量与品位持续得到提升。例如年度工作审核制度、所在院所变更制度、学生社团换届选举制度、活动申请与审批制度、活动经费预算-划拨制度等,这些都属于高校学生社团实践管理制度的范畴。

在内部行为文化中,人际交往占据着更加突出的地位,它主要通过教师指导、师生交流、成员商讨等方式在现实中确立与完善。在不违背主流价值观念与主流文化趋向的基本前提下,不同高校学生社团在实践理念、现实目标、发展追求等方面可以存在差异,上级管理单位、学生社团指导教师和社团成员都能在其中发挥作用,具有较为明显的调适性与交互性。具体的内部行为文化的形成取决于高校学生社团内部在观念与意义上的交流和共享,但是这种共同的观念与意义并非一成不变。因此,随着外部规章制度的变迁、上级管理单位的调整、社团指导教师的变动、社团成员的变化等,不同阶段的高校学生社团的内部行为文化也会呈现出不尽相同的特点与面貌。不同时期、不同地域的高校学生社团有着各式各样的内部行为文化,这与相对稳定的外部规章制度有机结合、相互影响、共同作用,形成了具有一定弹性与刚性的高校学生社团实践管理制度。

为了确保高校学生社团外部规章制度得到贯彻落实、引导高校学生社团内部行为文化稳步发展,许多高校成立了以学生社团联合会为代表的、专门面向学生社团的上级管理组织,主要负责协调、组织、管理校内学生社团的日常运作并监管其实践活动,也有少数高校的学生社团直接受到校团委或校学生会的指导与管理。国内高校的学生社团联合会通常分为院校两级,院级学生社团联合会与校级学生社团联合会都是监管高校学生社团实践活动的重要力量。高校往往根据学生社团的自身特点,将它们分别挂靠在与之相匹配的学院①，同时设立院级学生社团联合会，分管挂靠在本单位的学生社团。院级学生社团联合会在高校学生社团实践管理制度中发挥着枢纽作用，它们是与学生社团直接往来的管理机构，也是规范学生社团的主要力量，不仅要贯彻落实学生社团的外部规章制度，还要较多地参与到学生社团的内部行为文化之中。校级学生社团联合会则通常会跟各院级学生社团联合会交流，与学生社团的直接接触相对较少。校级学生社团联合会的主要作用是制定、修订、落实规章制度，把控校园文化实践活动的方向与质量。除了专门负责高校学生社团的管理者以外，还有大量行政教师参与其中。这里不妨将行政教师、指导教师统称为高校学生社团的指导者。指导者与管理者一起组成了制定、执行、反馈、修订高校学生社团实践管理制度的责任共同体，他们在加强校园文化建设、提升思政育人实效、推动学生社团发展等方面扮演着重要角色。

质言之，国内高校学生社团实践管理制度在整体上具有一定的相似性和一致性，但是施行的具体细则又各具特点，这是由不同院校自身的实际情况决定的，也是有利于学生社团持续发展的。值得一提的是，除了外部规章制度与内部行为文化以外，部分高校还设置了针对学生社团的奖惩制度与评价体系，从而鼓励各学院及其下辖的学生社团举办优质实践活动。常见的做法是评选优秀学生社团、优秀学生社团骨干、优秀学生社团实践活动等奖项，并且加以适当的表彰，一些高校甚至将这类评选成果列入学生社团年度工作考核的条目之中，从而引起学生社团的高度重视。此外，将学生社团的年度工作考核与所在学院的年度工作考核挂钩也是一种常用的做法，例如许多高校在十佳学生会或优秀团委的评选中，设置不少跟学生社团相关的分值，借此引导各学院加强对学生社团的管理、帮助学生社团获得更好的发展。

二、实践管理制度建设实例

虽然现在国内高校纷纷响应时代号召，积极开展中华优秀传统文化实

---

① 为了方便论述，这里所说的"学院"并非狭义的学院，而是同时包含院、系、所、中心、基地等二级单位。

践，但是具体落实到学生社团建设上，投入力度依然显得不够。在中华优秀传统文化实践管理制度建设上，高校普遍把主要精力集中在内部行为文化建设方面，与之相应的外部规章制度建设则相对滞后，鲜有高校专门针对学生社团的中华优秀传统文化实践制定相关的规章制度和管理体系。

具体而言，一些高校把组建相关学生社团作为弘扬中华优秀传统文化的政策性举措，这主要属于内部行为文化建设，外部规章制度建设受到的关注较少。例如安徽省某高校通过组建徽州民歌学生社团，定期开展徽州民歌传承人校内报告会、徽州民歌知识讲座、徽州民歌专项演出、徽州民歌大赛等系列活动，从而扩大徽州传统文化在学生中间的知名度与影响力。[①] 这是将学生社团的中华优秀传统文化实践功能进行制度化与规范化的一种创新做法，而且带有明显的组织性与系统性，能够帮助学生全面、深入、细致地感受中华优秀传统文化的风貌与魅力。

此外，由上级管理单位直接牵头进行中华优秀传统文化实践，也是带有内部行为文化建设性质的一种做法。例如甘肃省某高校引导艺术类学生社团参与陇南市美育援教联盟项目，承担市周边5个中小学的美育援教工作，帮助援教学校开设美术课程，进行绘画（儿童画创作、线描、中国画）、书法（硬笔书法、毛笔书法）等方面的教学，积极践行教学相长的教育观念。[②] 这种开展中华优秀传统文化实践的做法是高校进行内部行为文化建设的一种常见工作方式，而且通常会在初次探索以后逐渐形成惯例，从而持续开展相关工作。

综上所述，国内高校对于中华优秀传统文化实践管理制度的建设主要集中在引领、塑造、规范文化风尚（即内部行为文化）上，对于硬性文件的规划（即外部规章制度）则相对不足。内部行为文化建设与外部规章制度建设是中华优秀传统文化实践管理制度建设的"一体两翼"，两者缺一不可，理应都受到高度重视。高校学生社团想要在中华优秀传统文化实践

[①] 参见程锦、邱慧：《优秀传统文化融入课程思政实施路径研究——以黄山学院徽州民歌创新开发为例》，载《黄山学院学报》，2019年第2期。

[②] 参见张明会、李怡、兰青、袁蕾：《以艺术社团建设为抓手推进美育弘扬中华优秀传统文化艺术研究与实践——以陇南师范高等专科学校为例》，载《吉林省教育学院学报》，2018年第10期。

上取得新进展与新突破，离不开内部行为文化建设与外部规章制度建设的相互协作、齐头并进。

目前为止，四川大学在学生社团的运行管理方面已经形成了一套比较完善的外部规章制度，这里不妨以之为例窥探当今高校的相关情形。经过多年实践探索，四川大学已经形成《四川大学学生社团管理条例》《社团网上申请活动流程及说明》《四川大学十佳社团评选制度》《四川大学学生社团财务管理制度》《四川大学学生社团新媒体管理手册》等专门面向学生社团的管理条例，其内容涵盖学生社团的服务宗旨、管理人员变更、活动开展规范、学生社团宣传要求、学生社团评价体系、学生社团财务管理等。这些管理条例并非一成不变，而是根据校园实际情况的不断变化而进行适当调整。其中，有两项关于学生社团的管理条例值得特别注意，它们从根本上明确了学生社团的发展方向和现实定位。《四川大学学生社团管理条例》第5条指出了校园内学生社团的服务宗旨：坚持四项基本原则，遵守国家的法律法规和学校的有关规定，符合国家的教育方针，积极开展有益于学生身心健康，丰富校园文化生活的活动。《四川大学学生社团管理条例》第6条规定了校园内学生社团的基本任务：适应社会发展需求，适应教育改革及学生成长成才的需要……充分体现学生社团的思想教育功能、凝聚功能、培养功能、示范功能，促进学生德、智、体、美全面发展，提高学生综合素质。[①] 这两项关于学生社团的管理条例明确了学生社团必须在院校的指导下，积极传播有助于社会主义文化繁盛的正能量，服务于国家立德树人事业的教育大局，此种规定对学生社团开展中华优秀传统文化实践具有重要指引意义。

在鼓励开展中华优秀传统文化实践方面，学校主要从学生社团工作考核入手，将中华优秀传统文化实践纳入考核内容之中，通过这种方式来激励学生社团积极开展中华优秀传统文化实践。通过梳理现有资料，本书考察了近年来四川大学共青团学生社团工作考核表的基本情况及其变化，并发现2017年以后在学生社团工作考核表中开始出现有关"学生社团开展中华优秀传统文化实践活动"的考核评分细则，此一考核评分的结果跟年

---

① 参见四川大学学生社团工作网站：《四川大学学生社团管理条例》，2017年2月28日。

度优秀十佳学生社团评选、分管学生社团的院级团委"五四红旗"评比等评奖评优的成绩息息相关，以此达到激励学生社团开展中华优秀传统文化实践的目的。

目前与之相关的最新考核评分细则大体如下：在年度优秀十佳学生社团申请表及其他材料中，"践行优秀传统文化活动"以及相关学术科研成果被单独罗列出来，以此鼓励学生社团开展中华优秀传统文化实践；在总分为12分的"五四红旗"评比中，学生社团开展中华优秀传统文化实践独占2分：学生社团举办中华优秀传统文化类活动，计1分；参与校级中华优秀传统文化类活动，每项加0.5分，共计不超过1分。这些考核评分细则的实行对于学生社团的发展方向而言具有类似于指向标的驱动意义，表明管理者、指导者正在不断摸索新办法与新路径来鼓励和引导学生社团进行中华优秀传统文化实践。

此外，四川大学在十佳学生社团评选要求中明确提出，十佳学生社团要做到"社团活动格调高雅，活动效果和反响良好，在实践育人、文化育人、服务育人等方面发挥积极作用"，并且从该学生社团基础建设情况（包括注册年审、骨干遴选制度、会员人数等）、实践活动开展情况（包括年度活动次数、校级活动次数、是否举办精品活动等）、学生社团综合影响力（包括新媒体账号运营）、运行考核（包括是否按照规定管理内部和审核活动、社团成员获奖数、特色活动举办情况等）等多个维度进行全面评估。[①] 这些评价指标涵盖了学生社团的方方面面，也体现了学校对学生社团开展中华优秀传统文化实践的大力支持。

得益于四川大学对学生社团开展中华优秀传统文化实践的高度重视与积极引导，四川大学学生社团始终秉承"海纳百川，有容乃大"的校训，以兼容并蓄、包容开放的态度开展中华优秀传统文化实践，呈现出丰富多彩、百花齐放的多元文化特色，有关音乐、文学、戏剧、诗歌、公益等的学生社团更是主动肩负起发扬中华优秀传统文化的职责与使命，每年举办超过百场关于古典诗词、古风音乐、传统戏剧等的优质文化活动，还跟校

[①] 参见共青团四川大学委员会：《关于评选四川大学2021—2022学年十佳学生社团、优秀学生社团、优秀学生社团骨干、学生社团工作先进集体的通知》，2022年5月6日。

团委、校学生会、院学生会等组织机构共同筹办"中华优秀传统文化周""芙蕖杯""古韵川大"等大型文化活动，受到了一些好评，也产生了一定影响。"四川大学团委通过打造一批线上线下精品文化课程，孵化一批品牌校园文化活动，开展一批特色社会实践项目，生产一批特色网络文化产品，在青年学生中多措并举广泛普及中华优秀传统文化教育，将弘扬中华优秀传统文化融入立德树人的根本任务，不断增强青年学生的文化自信和民族自豪感。"[①] 这段话充分肯定了四川大学学生社团在中华优秀传统文化实践中的突出贡献与示范作用，此种"川大特色"对于其他高校开展中华优秀传统文化实践无疑是具有启发意义的。

近年来，为了响应学校的号召，各学院的学生社团和学生会都在积极举办、承办、协办中华优秀传统文化实践，这里以文学与新闻学院为例进行说明。除了校团委下拨的活动经费以外，文学与新闻学院还会根据中华优秀传统文化活动策划方案及其实际效果为学生社团提供额外的活动经费。因此，文学与新闻学院及其下辖的学生社团有一定能力去筹划相关活动，每年举办或参与的大型校级中华优秀传统文化实践超过5次，每年举办或参与的其他中小型中华优秀传统文化实践超过10次。值得一提的是，在2021—2022学年中，文学与新闻学院及其下辖的17个学生社团举办了超过20次中华优秀传统文化实践，获得了学校师生的广泛好评，对传扬中华优秀传统文化起到了一定作用。

概言之，四川大学通过将学生社团管理制度跟工作考核、评奖评优挂钩的方式，激励学生社团参与、组织、举办中华优秀传统文化实践，在一定程度上激发了学生社团发扬中华优秀传统文化的积极性，但是在具体的操作过程中，也不可避免地存在一些问题，下文将进行详细论述。

三、实践管理制度建设困境

正如前文所说，国内高校普遍认识到了学生社团应当承担起弘扬中华优秀传统文化的责任，这是它们的重要使命，并在相关实践方面已经取得

---

① 四川大学团委：《川大共青团：用"四个一"创新中华优秀传统文化教育》，载《中国共青团》，2021年第24期，第68页。

了一些成效，不仅制定了与之相关的鼓励政策与指导文件，而且相关实践数量屡创新高。但是，我们不得不正视目前不少高校在中华优秀传统文化实践的外部规章制度建设上的欠缺，尚未形成与之相配套的实践管理制度，相关规章条例仍然不够清晰、全面、细致，使得对高校学生社团创新开展中华优秀传统文化实践的激励导向作用未能得到充分发挥。因此，加强实践管理制度建设应是高校学生社团提升中华优秀传统文化实践成效的一条重要路径。

首先，目前高校在学生社团中华优秀传统文化实践管理制度建设上存在的最大问题之一，便是没有形成专门的实践管理制度体系，主要依靠分散的相关规定条例来开展和评价实践活动。虽然现在高校普遍都有相对完善的学生社团管理制度，但是专门针对中华优秀传统文化实践的管理制度却很少，主要还是在学生社团管理制度的整体框架下进行对中华优秀传统文化实践的评估、指导与考核。正如上文所言，高校只有加强学生社团开展传统文化实践的管理制度建设，才能从根本上保证中华优秀传统文化实践的持续性与实效性。现在国内高校亟须建立健全专门针对学生社团中华优秀传统文化实践的责任主体制度、教育工作计划、活动实施方案，将与之相关的外部规章制度从整体框架中适当抽离出来，形成科学化、规范化的实践管理制度体系；与此同时，高校应当建立和完善与中华优秀传统文化实践相关的人员定期培训制度、专项经费使用制度、实践基地建设制度等，适当向中华优秀传统文化实践倾斜资源，最终达到从各方面为中华优秀传统文化实践的开展提供人力、物力、财力支持的目的。

其次，现在高校学生社团的中华优秀传统文化实践管理制度存在着激励力度不够、引领力量不强的问题，相关管理单位需要提升对相关实践管理制度建设的重视程度。目前高校学生社团的中华优秀传统文化实践管理制度总体上缺乏奖惩区分度，学生社团在中华优秀传统文化实践方面的付出与回报并不总是直接挂钩，此种状况导致一些高校学生社团在中华优秀传统文化实践中容易出现"划水""摸鱼"等消极现象，这跟学生社团的建立初心与服务宗旨明显是背道而驰的，也不利于发挥学生社团的中华优秀传统文化实践作用。因此，在高校学生社团的中华优秀传统文化实践管理制度建设方面，应该建立和完善中华优秀传统文化实践的监督机制、激励机制、评估机制，用具体、科学、明晰的考核指标体系有效引导学生社团的中华优秀传统文化实践，同时重视使用物质和精神两个方面的激励措施，激发广大师生积极主动参与中华优秀传统文化实践的热情和积极性，从而确保学生社团稳定高效地开展中华优秀传统文化实践。

再次，基于高校学生社团的中华优秀传统文化实践管理制度不够完善、不成体系的现状，相关政策边界不清的问题也影响了学生社团对中华优秀传统文化实践进行创新的积极性与主动性。例如一些高校并不看重中华优秀传统文化实践的实际效果，仅仅是为了完成某些固定指标而机械开展相关活动，最终收效甚微也是意料之中的事情。也有一些高校强行将中华优秀传统文化实践与思想政治教育生硬地捆绑在一起，没有深入阐释二者之间的内在联系便急于开展中华优秀传统文化实践，这种做法不利于相关人员正确理解中华优秀传统文化实践的现实意义与思政作用。还有一些高校对开展中华优秀传统文化实践的学生社团提出了诸多目标，并且要求它们积极配合，提供的相关支持却不足，这给学生社团造成了较大的外在压力。类似的现象还有不少，之所以会产生这些现象，主要原因是相关政策边界不清。因此，想要提升中华优秀传统文化实践的实际效果，必须进一步厘清与之相关的政策界限和认识界限，从而为高校学生社团提供更广阔的选择空间。在推进中华优秀传统文化实践的过程中，制度应该为实践提供便利与条件，而不应过多地干预和影响实践本身的形态与规律。例如在中华优秀传统文化实践与思想政治教育的关系认识上，两者既相互联系，又有所区别，不能混淆界限，更不能为了开展中华优秀传统文化实践而将之跟思想政治教育强行捆绑在一块，这种做法既不科学，也不实际，而且可能会造成发展方向上的理解偏差，引发更为严重的后果。政策边界不清会挫伤以趣味为导向的高校学生社团的文化创新积极性，在客观上不利于校园文化的健康发展，所以上级管理单位应该在完善和明确相关政策边界的基础上，尽可能为学生社团开展传统文化实践提供便利，鼓励和引导其进行自主选择和自我革新，让中华优秀传统文化实践呈现出多元并包的开放景象。

最后，高校在制定学生社团传统文化实践管理制度的过程中，往往由上级管理单位牵头研讨细则，缺乏与学生社团骨干的交流与互动，也未能充分听取其他学生的意见。这种局面可能会导致实践管理制度没有充分考虑实践者的感受与想法，制约了实践管理制度的实效性与针对性，影响了实践管理制度的实际运行。因此，高校在制定学生社团中华优秀传统文化实践管理制度的过程中，应当充分征求各级意见，在响应国家对中华优秀传统文化号召的同时，广泛听取学生社团骨干、指导教师以及其他学生的见解，毕竟他们对学生社团的中华优秀传统文化实践有着丰富的、直观的体验与感受。在学生社团中华优秀传统文化实践管理制度实行以后，高校还应该建立健全长效稳定的意见反馈机制，根据学生社团骨干、指导教师以及其他学生提出的合理看法适当修订学生社团中华优秀传统文化实践管理制度，从而保证其时效性与可行性。

第二节　高校学生社团的中华优秀传统文化实践活动情况

通常而言，高校学生社团主办或参与的各类实践活动是学生社团的主要工作板块之一，因其类型多样、形式新颖、内容丰富而受到学生们的普遍欢迎，学生们对这些实践活动的参与度也比较高。在高校进行中华优秀传统文化育人工作的过程中，由学生社团主办或参与的各种中华优秀传统文化实践取得了突出成绩，也占有重要地位，是高校立德树人事业不可或缺的一部分。在过去多年的中华优秀传统文化实践中，四川大学的一众学生社团取得了很多成绩，在高校学生社团中具有典型性和代表性，能够在一定程度上折射出目前高校学生相关实践活动的整体面貌与特点。因此，下文将以四川大学学生社团的中华优秀传统文化实践为重点考察对象，对之进行具体分析和归类总结，借此管窥高校学生社团的中华优秀传统文化实践情况，以期对今后相关实践活动的开展有所助益。

一、实践活动的分类依据

目前而言，在国家、地方、学校的大力倡导下，高校学生社团开展的

第三章 高校学生社团的中华优秀传统文化实践

中华优秀传统文化实践纷纷涌现，呈现出丰富多样、多姿多彩的总体特点。如果要对高校学生社团的中华优秀传统文化实践进行深入研究，就需要对之进行分类整理，这是开展后续研究的基础性工作。

接下来需要面对的一个问题是：我们应该如何给高校学生社团的中华优秀传统文化实践进行分类？分类的依据又是什么？目前已有的中华优秀传统文化研究成果能够给我们确定中华优秀传统文化实践的分类依据提供一些启示，首先看看国内相关研究现状，例如齐雅文借鉴汉默里（Hammerly）、斯特恩（H. H. Stern）对文化的分类方法，并且结合吴瑛的相关看法，选择将中华优秀传统文化分为物质文化、行为文化、精神文化三种主要类型，其中，物质文化包括中国地理、物质遗产和非物质文化遗产的一部分，行为文化包括风俗习惯，精神文化包括文学艺术作品。《现代汉语词典》对文化的定义也包含着对文化类型的区别："人类在社会历史发展过程中所创造的物质财富和精神财富的总和，特指精神财富，如文学、艺术、教育、科学等。"[1] 梁启超在《什么是文化》一文中以"文化者，人类心能所开释出来之价值的共业也"为基础，总结出"共业"所包括的五种文化类型：认识的（包括语言、哲学、科学、教育）、规范的（包括道德、法律、信仰）、艺术的（包括文学、美术、音乐、舞蹈、戏剧）、器用的（包括生产工具、日用器皿及制造它们的技术）、社会的（包括制度、组织、风俗习惯等）。[2]

除了国内学者有关中华优秀传统文化的研究成果以外，国外学者的相关研究著述也可以为我们确定中华优秀传统文化实践的分类依据提供一些思路。有外国学者概括了文化的三种定义类别："第一种定义认为文化'是"理想"的，意指人类的某种尽善尽美的状态或过程'……第二种定义强调其'记录'的功能，意指某种文化的现存的文本与实践……第三种定义'强调文化的"社会性"：文化是对某种特定的生活方式的描

---

[1] 中国社会科学院语言研究所词典编辑室：《现代汉语词典》（第7版），商务印书馆，2017年版，第1371~1372页。
[2] 转引自朱小芳：《青少年对中国传统文化的社会表征及其与民族认同感的关系》，华中师范大学硕士学位论文，2008年。

述'……"① 以上三种文化定义可以分别对应理想、文献、社会，也可以分别对应道德法律、艺术形态、生活方式。泰勒（Edward Tylor）在《原始文化》中指出："文化或文明是一个复杂的整体，它包括知识、信仰、艺术、道德、法律、风俗以及作为社会成员的人所具有的其它一切能力和习惯。"②

上述国内国外学者对文化的定义以及对文化的潜在分类，都有着一定的启发意义，可以成为我们对中华优秀传统文化实践进行分类的理论依据与理论资源。在本书看来，中华优秀传统文化是考察中华文化的一个历史性视角，它既是中国古往今来的物质实践的优秀文化史，也是中国数千年来的精神风骨的优秀文化史，为中国人民走过漫长岁月、抵御无数风雨、做到内外兼修提供了无穷无尽的物质支持和精神力量。简言之，本书根据四川大学学生社团传统文化实践的实际情况和具体特点，借鉴学者的相关看法，将中华优秀传统文化实践大致分为以下七种类型：古典艺术、知识分享、风俗习惯、民族服饰、饮食文化、科学技术、道德风尚。当然，这种划分方法不可能涵盖目前所有的高校学生社团中华优秀传统文化实践，也不可能适用于所有时期的高校学生社团中华优秀传统文化实践。

二、实践活动的具体情况

正如上文所说，本书把高校学生社团的中华优秀传统文化实践大致分为古典艺术、知识分享、风俗习惯、民族服饰、饮食文化、科学技术、道德风尚七种类型，接下来将根据此种分类方法详细梳理四川大学学生社团的中华优秀传统文化实践，评述四川大学学生社团开展相关实践活动的具体情况，以期通过以小见大的方式管窥高校学生社团中华优秀传统文化实践的整体面貌。

（一）古典艺术

中国古典艺术是中华民族宝贵的思想文化财富，种类繁多，内容丰

---

① 约翰·斯道雷：《文化理论与大众文化导论：第7版》，常江译，北京大学出版社，2019年版，第54页。
② 泰勒：《原始文化》，蔡江浓编译，浙江人民出版社，1988年版，第1页。

富,思虑精深,文学、绘画、书法、音乐、舞蹈、戏曲等均被涵盖其中,记录了中华民族长久以来的社会历史文化与日常生活图景。以中国古典艺术为主题的四川大学学生社团,其中华优秀传统文化实践因其较高的形象性、审美性、艺术性,受到广大学生的欢迎。根据活动举办形式,此类中华优秀传统文化实践可以分为垂直类、综合类两种主要类型。垂直类以某一种特定的中国古典艺术形式为主题,专业性高,针对性强,参与学生可以更加深入地了解、感受中华优秀传统文化。综合类以两种或多种中国古典艺术形式为主题,覆盖面广,体验感强,参与学生可以在一场活动中了解多种中国古典艺术形式。

1. 垂直类

(1) 古典音乐

中国古典音乐又被称为高雅音乐,其早期艺术形式融声乐、器乐、乐舞表演等于一炉。《诗经》、汉乐府诗、唐诗、宋词、元曲等都属于声乐作品,由诗词配上曲谱加以演唱,中国古典音乐多以这种形式被传承下来,汉乐府诗《长歌行》是其中比较具有代表性的作品。"兴于诗,立于礼,成于乐",这是孔子对音乐教育意义的主要看法,他认为乐教对于一个人的成长成才具有至关重要的作用。孔子的这种看法深刻影响了中国古代的乐教观,乐教观念在中华优秀传统文化中始终占据着重要地位。以中国古典音乐为主题的四川大学学生社团中华优秀传统文化实践常常通过音乐会的形式进行,有民乐类学生社团联办的古典音乐演奏会,有以演唱吸引观众的古典音乐演唱会,也有兼具演奏、演唱两种艺术形式的古典音乐会,这些不同形式的音乐会都有着较好的艺术陶冶效果。

"挽枫"音乐会是由四川大学笛箫协会、古筝协会和古琴社联合举办的古典音乐演奏会,共分为三个篇章、十二个节目,演奏乐器包括笛、箫、古筝、古琴等多种古典乐器,包含独奏、合奏、齐奏等数种演奏方式(如图3-1所示)。"挽枫"音乐会既能够为参与演奏的学生提供展现才艺的机会,也可以向观看学生展现中国民乐的独特魅力。"挽枫"音乐会在带给学生美的享受的同时,也引导他们走近中国古典音乐及其背后的中华优秀传统文化。

图 3-1 "挽枫"音乐会现场照片

"徽鸣仲春"古风音乐会由四川大学零壹广播剧社举办,该剧社格外注重古风音乐演唱效果,善于利用社团成员的声乐特长,别出心裁地运用古风音乐演唱的方式来开展中华优秀传统文化实践(如图 3-2 所示)。在"徽鸣仲春"古风音乐会的表演环节中,四川大学零壹广播剧社成员通过独唱、合唱、双重唱、表演唱等多种方式演绎不同风格的古风音乐作品,向现场学生展现中国古典音乐的魅力。"徽鸣仲春"古风音乐会不仅为本社团成员展示自己的个人风采和才艺特长提供了舞台,而且通过观众喜闻乐见的方式传递了古风音乐所蕴含的中华优秀传统文化。从表演学生的角度来说,反复练习演唱的过程在客观上加深了他们对歌曲及其背后的中华优秀传统文化的理解;从观看学生的角度来说,"徽鸣仲春"古风音乐会通过歌曲传递中华优秀传统文化,既可以让他们欣赏好看的节目、好听的歌声,又可以让他们直观形象地了解中华优秀传统文化。

图 3-2 "微鸣仲春"古风音乐会现场照片

"声微志远"中国传统人文音乐会则是由四川大学古琴社联合四川大学哲学系举办的民乐演奏、民乐演唱兼而有之的古典音乐会，通常会邀请相关领域的专家学者来活动现场进行表演，出自学生之手的优秀作品也有机会登上舞台（如图 3-3 所示）。"声微志远"中国传统人文音乐会展现了中国古典乐器与乐曲的风貌，让观众对中国古典音乐有了更深的感悟，帮助他们提升对中国古典音乐的鉴赏力，也为师生之间开展艺术交流搭建起宝贵的平台。

图 3-3 "声微志远"中国传统人文音乐会现场照片

"拾风"音乐会是兼具演奏、演唱两种形式的古典音乐会，通常分为上下两场，参演乐器丰富多样，包括古筝、钢琴、笛子等，节目形式也较为多元，包含协奏、独奏等（如图3-4所示）。除了乐器演奏之外，"拾风"音乐会的主办者也会邀请民谣社等其他兄弟社团的成员来到现场表演节目。"拾风"音乐会是中国古典音乐的一个良好交流平台，让观众在收获美的同时，也能增进对中华优秀传统文化的认识。

图3-4 "拾风"音乐会现场照片

（2）古典文学

中国古典文学在中国文学史上熠熠生辉，是世界文学宝库中受人瞩目的一大瑰宝。中国古典文学有着诗歌、散文、小说、戏曲、词、赋等多种文体，也有着丰富多样的艺术手法，呈现出多姿多彩、壮丽辉煌的繁盛图景。数千年来，中华优秀传统文化养育了中国古典文学，为中国古典文学提供了无穷无尽的文化资源；中国古典文学反过来又丰富了中华优秀传统文化，使中华优秀传统文化更具影响力与感染力。因此，古典文学自然成为四川大学学生社团开展中华优秀传统文化实践的重要主题，四川大学学生社团在这方面进行了有益探索，也表现出一些特别之处。四川大学学生社团在举办以古典文学为主题的中华优秀传统文化实践时，不仅高度重视文学创作环节，而且强调活动影响力，适当结合朗诵、对话、演出等表现形式，带领观众走进中国古典文学殿堂。

“冬日夏云，流续微梦”小说续写活动由纸鸢书院川大分社举办，目前已经摸索出一套较为成熟的活动流程。在“冬日夏云，流续微梦”小说续写活动正式开始以前，纸鸢书院川大分社专门组建 QQ 群，制作报名表、宣传品、分工表等，并且提前拟订评分标准、排版要求、小说类型、奖励办法等。在收集到的续写作品中，不乏构思精巧、文笔流畅、别具匠心的佳作，展现了作者扎实的文字功底和丰富的文学想象（如图 3－5 所示）。“冬日夏云，流续微梦”小说续写活动引导参与学生积极了解中华优秀传统文化，并且在文学创作的过程中自觉加深对中华优秀传统文化的认识，从而让他们切身感受到传承中华优秀传统文化的必要性与重要性。

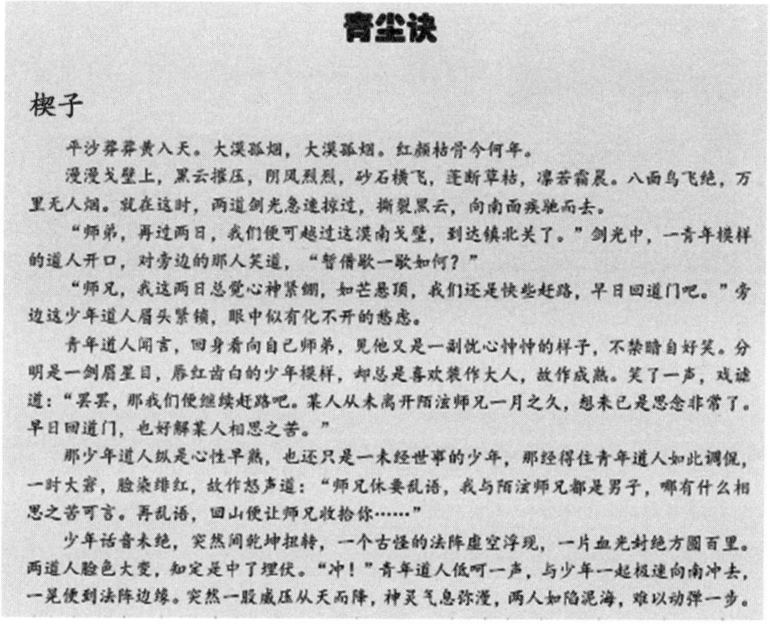
青尘诀

楔子

平沙莽莽黄入天。大漠孤烟，大漠孤烟。红颜枯骨今何年。

漫漫戈壁上，黑云摧压，阴风烈烈，砂石横飞，蓬断草枯，凛若霜晨。八面鸟飞绝，万里无人烟。就在这时，两道剑光急速掠过，撕裂黑云，向南面疾驰而去。

“师弟，再过两日，我们便可越过这漠南戈壁，到达镇北关了。”剑光中，一青年模样的道人开口，对旁边的那人笑道，“暂借歌一歌如何？”

“师兄，我这两日总觉心神紧绷，如芒悬顶，我们还是快些赶路，早日回道门吧。”旁边这少年道人眉头紧锁，眼中似有化不开的愁虑。

青年道人闻言，回身看向自己师弟，见他又是一副忧心忡忡的样子，不禁暗自好笑。分明是一剑眉星目，唇红齿白的少年模样，却总是喜欢装作大人，故作成熟。笑了一声，戏谑道：“好好，那我们便继续赶路吧。某人从未离开陌泫师兄一月之久，想来已是思念非常了。早日回道门，也好解某人相思之苦。”

那少年道人纵是心性早熟，也还只是一未经世事的少年，那经得住青年道人如此调侃，一时大窘，脸染绯红，故作怒声道：“师兄休要乱语，我与陌泫师兄都是男子，哪有什么相思之苦可言。再乱语，回山便让师兄收拾你……”

少年话音未绝，突然间乾坤扭转，一个古怪的法阵虚空浮现，一片血光封绝方圆百里。两道人脸色大变，知定是中了埋伏。“冲！”青年道人低呵一声，与少年一起极速向南冲去，一晃便到法阵边缘。突然一股威压从天而降，神灵气息弥漫，两人如陷泥海，难以动弹一步。

图 3－5　“冬日夏云，流续微梦”小说续写活动作品截图

春天诗会是由四川大学文学与新闻学院、四川大学校团委、《四川大学报》联合主办的文学创作活动，该活动的创新之处在于既重视文学创作的专业性，又注重活动形式的多样性，尝试通过更加真切可感的方式帮助参与学生走近中国古典文学。春天诗会尤为注重文学性与时代性的结合，如第九届春天诗会恰逢中国共产党建党一百周年，众多参赛作品将对春天的文学性书写与建党一百周年的时代背景结合在一起，以充沛的情感创作

诗歌，抒发对党和国家的深沉热爱。春天诗会的颁奖典礼值得引起注意，它通常分为诗歌朗诵、颁奖两个环节。在颁奖环节中，嘉宾为获奖学生颁发奖品、证书，并且对他们进行肯定和勉励（如图3-6所示）。在颁奖环节后，在场嘉宾和获奖学生纷纷上台进行诗歌朗诵，以诗育人，以诗会友，这是四川大学学生社团开展中华优秀传统文化实践的重要收获。

图3-6 第九届春天诗会现场照片

（3）古典戏曲

中国古典戏曲主要由民间歌舞、说唱、滑稽戏三种不同艺术形式混合而成，起源于原始歌舞，是一种历史悠久的综合性舞台艺术样式。在四川大学学生社团开展中华优秀传统文化实践的过程中，我国民间工艺美术与戏曲巧妙结合而成的独特艺术品种皮影戏与我国民间说唱曲艺相声受到广大学生的喜爱。在四川大学相关学生社团开展的有关中国古典戏曲的中华优秀传统文化实践中，既有剧本创作，也有戏曲赏析，涉及的活动形式多种多样，可以很好地满足参与学生的精神文化需求，也可以发挥出较好的中华优秀传统文化实践效果。

"无畏疫情·人间有爱"皮影戏剧本征集活动由四川大学皮影协会主办，将中国传统的皮影戏与现实生活中的情景相结合，试图将古典性与现实性、中华优秀传统文化与社会现实、艺术审美与文化育人有机融合，为四川大学学生社团的中华优秀传统文化实践探索贡献一份力量。开展"无畏疫情·人间有爱"皮影戏剧本征集活动的主要目的之一是让人们铭记在疫情防控中涌现的各类感人故事，将这些生活中真实的温暖与温情传递下去，增强学生在疫情防控中的凝聚力与时代感，同时试图通过四川大学皮影协会的努力为中华优秀传统文化——皮影戏赋予新的时代内涵，推动皮影戏剧本创作与当今时代精神的互动与融合，使之成为四川大学学生社团开展中华优秀传统文化实践的一种重要资源（如图3-7所示）。

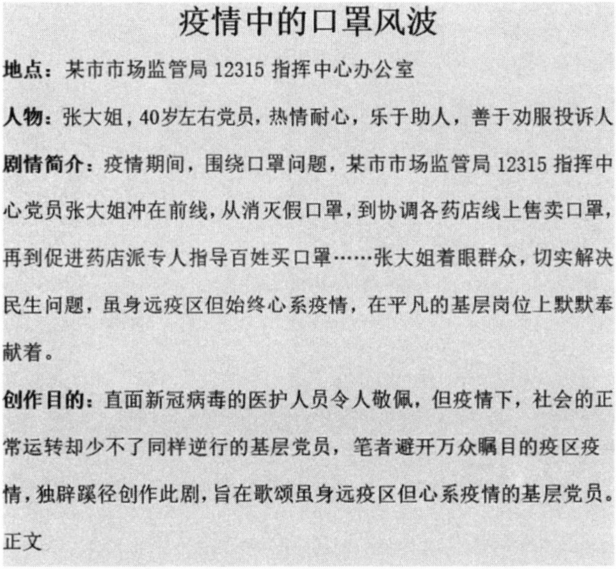

> **疫情中的口罩风波**
>
> **地点**：某市市场监管局 12315 指挥中心办公室
>
> **人物**：张大姐，40 岁左右党员，热情耐心，乐于助人，善于劝服投诉人
>
> **剧情简介**：疫情期间，围绕口罩问题，某市市场监管局 12315 指挥中心党员张大姐冲在前线，从消灭假口罩，到协调各药店线上售卖口罩，再到促进药店派专人指导百姓买口罩……张大姐着眼群众，切实解决民生问题，虽身远疫区但始终心系疫情，在平凡的基层岗位上默默奉献着。
>
> **创作目的**：直面新冠病毒的医护人员令人敬佩，但疫情下，社会的正常运转却少不了同样逆行的基层党员，笔者避开万众瞩目的疫区疫情，独辟蹊径创作此剧，旨在歌颂虽身远疫区但心系疫情的基层党员。
>
> 正文

图 3-7　"无畏疫情·人间有爱"皮影戏剧本征集活动部分参赛剧本截图

"影映百年征程"红色皮影戏剧展演活动由四川大学皮影协会、四川大学 2020 级社会工作团支部联合举办，是一种寓教于乐的中华优秀传统文化实践，以制作与展演四川皮影的形式引导参与学生学习党史知识、挖掘红色故事。"影映百年征程"红色皮影戏剧展演活动主要包括皮影戏剧本创作、皮影戏知识讲座、手工制作皮影戏故事人物、皮影戏展演拍摄与后期制作等，活动宗旨是让参与学生在中华优秀传统文化实践中深入学习党史。在完成"影映百年征程"红色皮影戏剧展演活动的皮影戏剧本征集环节以后，活动主办方经过综合考虑最终决定选择以学生创作的皮影戏剧本《铁马星河入梦来》作为此次活动的展演剧本，该皮影戏剧本以"两弹一星"元勋——孙家栋、钱三强为原型进行创作。在选定皮影戏剧本以后，由参与学生自行设计该剧本中的九个故事人物，并且进行这些故事人物的皮影制作活动（如图3-8所示）。在正式的展演开始之前，活动主办方还开展了有关皮影戏知识的讲座，从而引导参与学生进一步了解皮影戏这种中国古典戏曲样式。

图3-8　"影映百年征程"红色皮影戏剧展演活动皮影形象制作照片

相声是一种中国传统民间说唱曲艺，以说、学、逗、唱为主要形式，它扎根于民间，来源于生活，又深受民众的欢迎，近年来更是受到越来越多年轻人的喜爱。"春天再会"相声专场由四川大学笑笑相声社主办，相声在四川大学的校园里有着良好的受众基础。在"春天再会"相声专场中，表演节目的风格与类型多种多样，既有耐人寻味的传统相声，也有直白活泼的现代相声（如图3-9所示）。"春天再会"相声专场不仅让参与学生领略了中国传统相声艺术的特殊魅力，还发挥了相声艺术本身的审美功能，丰富了参与学生的课余生活，让他们进一步了解中华优秀传统文化。

图 3-9 "春天再会"相声专场现场照片

"清欢无别事，煮茶待故人"听戏会由四川大学梨园雅韵协会举办，一般先由主持人讲述听戏会的主要内容，随后进入节目表演的环节。在节目交替时，主持人会结合节目的具体特点介绍京剧的派系及其代表人物，同时也会概述即将上演的戏曲剧目的演员阵容和主要剧情。在节目表演环节结束以后，观看学生就听戏会的内容跟主创人员展开交流与讨论，如切如磋，如琢如磨，共同遨游在中华优秀传统文化的汪洋里。"清欢无别事，煮茶待故人"听戏会的整个活动过程尽量考虑到对中国传统戏曲艺术不甚了解的学生群体的审美需求，采取"边听边讲"的表演形式，以便提高观看学生的活动体验感。"清欢无别事，煮茶待故人"听戏会通过表演中国古典戏曲名剧，引导观看学生体会其中的唱念做打，增进他们对中国传统戏曲文化的了解，使中国古典戏曲艺术得到了传播与弘扬（如图 3-10 所示）。

图 3-10 "清欢无别事，煮茶待故人"听戏会现场照片

(4) 古典书画

中国古典书画是中国古典绘画、中国古典书法的统称，是中华民族传承久远的传统艺术门类，是中华文明的重要组成部分，滋养了古往今来无数中国人的思想与精神。以中国古典书画为主题的四川大学学生社团中华优秀传统文化实践主要采取讲座、创作两种活动形式，都取得了较为不错的效果。

"颜真卿的书法艺术精神"线上讲座由四川大学书法研究会主办，此次线上讲座围绕我国著名书法家、有着"楷书四大家之一"称号的颜真卿展开。线上讲座的主讲老师首先对颜真卿的生平事迹进行了较为细致的介绍，对颜真卿的人格品质予以高度评价；随后着重介绍颜书笔法，对"蚕头燕尾""屋漏痕"进行了详细说明，并且总结颜书结体与章法的特点。主讲老师点明了书法境界与人生境界的不同层次，在此基础上分析颜书境界，并且带领参与学生对颜真卿的部分作品进行具体赏析（如图3-11所示）。该讲座让参与学生对书法名家颜真卿的书法特点有了更加深入的了解，有利于培育他们对中国书法艺术的兴趣与爱好。

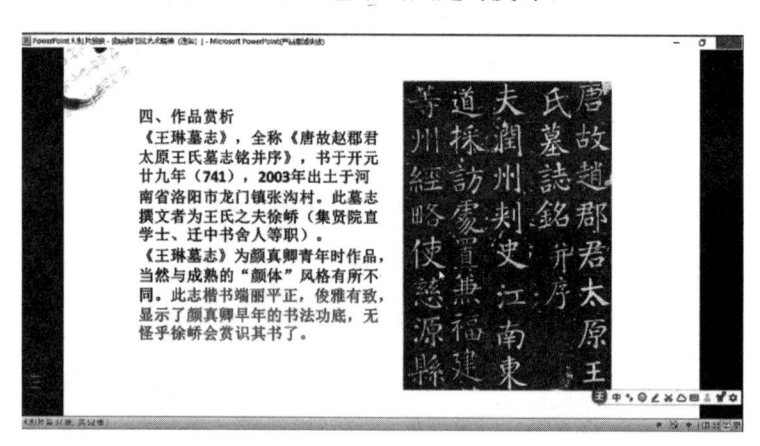

图3-11 "颜真卿的书法艺术精神"线上讲座开展照片

"丹砂华夏韵，撇捺风雨情"书画创作比赛由四川大学书画协会主办，旨在传承中国书画艺术的同时，响应当下时代精神，歌颂疫情期间坚守在前线的工作人员的无私奉献与勇于担当。"丹砂华夏韵，撇捺风雨情"书画创作比赛的参赛学生在继承中华优秀传统文化的基础上，试图通过自己的创造力与想象力推陈出新，彰显出新时代大学生积极向上、敢于创新的精神面貌。这次书画创作比赛堪称一次效果颇佳的中华优秀传统文化实践（如图 3-12 所示）。

图 3-12 "丹砂华夏韵，撇捺风雨情"书画创作比赛作品照片

2. 综合类

在综合类中华优秀传统文化实践中，四川大学学生社团经常以两种或多种中国古典艺术样式为主题组织开展相关活动，而且多以晚会的形式进行，参与学生可以在校园里享受一场又一场中国古典艺术的盛宴，从中受到中华优秀传统文化的陶冶与教育。

"南阳素律，国韵江安"国学月系列活动由四川大学文学与新闻学院及其下属学生社团联袂主办，该国学月系列活动包括"松亭雅集待君归"青广国学行、"越罗衫袂秋风至"汉服知识分享会、"弦歌风雅染春秋"国学晚会、"心怀思韵与诗行"古诗词大会。"松亭雅集待君归"青广国学行的主题内容多姿多彩，包含"能工巧匠，颖悟绝伦"手工艺体验活动、"江山如画，绘笔千秋"以画解诗活动、"投壶设宴，风雅明远"投壶活动、"闲坐静思，星落灯明"猜灯谜活动等。"松亭雅集待君归"青广国学行充分展现了国学在内的中华优秀传统文化的博大精深与源远流长，在帮助参与学生加深对中华优秀传统文化的理解的同时，也有利于引导他们培养学习与研究中华优秀传统文化的兴趣，提升其国学、艺术、人文等方面的综合素养，启发他们对文化交融与文化传承的深度思考，为中华优秀传统文化的发展与传播注入新活力（如图3-13所示）。"南阳素律，国韵江安"国学月系列活动的重头戏是"弦歌风雅染春秋"国学晚会，该活动将中华优秀传统文化与现代舞台表演有机结合，用生动形象的方式呈现国学经典，引导学生走近中华优秀传统文化，激发他们对中华优秀传统文化的热情（如图3-14所示）。在"弦歌风雅染春秋"国学晚会结束以后，"南阳素律，国韵江安"国学月系列活动的主办方接着举行"心怀思韵与诗行"古诗词大会（如图3-15所示）。在古诗词比赛开始以前，主持人为参赛学生介绍比赛规则，指出比赛分为"花落知多少""诗词问答""飞花令"三个环节。最终比赛决出三名获胜者，他们会被邀请分享自己与古诗词之间的故事以及对传承国学的见解。"心怀思韵与诗行"古诗词大会不仅为热爱中国古诗词的学生提供了一个交流与学习的平台，还能培养其他学生对古诗词的兴趣，引导他们为传承国学贡献力量。

图3-13 "松亭雅集待君归"青广国学行活动现场照片

图 3-14 "弦歌风雅染春秋"国学晚会现场照片

图 3-15 "心怀思韵与诗行"古诗词大会现场照片

（二）知识分享

在四川大学学生社团的中华优秀传统文化实践中，知识分享是比较突出的一种类型，涉及历史、民俗、社会、文化、地理、文学等多个学科的内容，能够帮助学生拓展知识储备与眼界视野。围绕知识分享展开的中华优秀传统文化实践采取的形式往往也是丰富多样的，包括朗诵比赛、科普讲座、读书沙龙、诗词大会、征文比赛、知识竞答等，可以吸引有着不同爱好的学生群体参与其中。以知识分享为主题的四川大学学生社团中华优秀传统文化实践采取的形式与活动的内容密切相关，四川大学学生社团往往会根据活动的内容选择与之最为契合的活动形式。

四川大学"经典守护者"中华经典美文诵读大赛是颇具影响力的文化品牌，已经举办了数次，受到了一些关注，一直以来致力于用生动鲜活的红色文化滋养川大学子。第四届"经典守护者"中华经典美文诵读大赛作为四川大学献礼中国共产党百年华诞的系列活动之一，是学校开展红色文化教育宣传的一种重要路径（如图3-16所示）。四川大学"经典守护者"中华经典美文诵读大赛通常分为教师组和学生组两个赛道，师生异组同台交流，有利于师生相互学习，呈现不同人群对红色文化的不同感悟。值得特别注意的是，在每届四川大学"经典守护者"中华经典美文诵读大赛的舞台上，都会看到外国留学生的身影，例如在第四届四川大学"经典守护者"中华经典美文诵读大赛的决赛现场，来自苏丹、加纳、俄罗斯、塞尔维亚、印度尼西亚、哥伦比亚六个不同国家的四川大学海外教育学院外国留学生朗诵《纪念白求恩》，追念和赞扬白求恩这位伟大的国际共产主义战士及其无私奉献精神。

图3-16 第四届四川大学"经典守护者"中华经典美文诵读大赛决赛现场照片

甲骨文普及与研究活动由四川大学慎徽中华文学研究会、中华文化读书会、白象学社联合举办，在该活动正式开始之前，主办方会通过游戏的方式活跃现场气氛，帮助参与学生增进彼此的了解。甲骨文普及与研究活动分享有关甲骨文与繁体字的知识，帮助参与学生加深对相关问题的认识，并且感受不同文字在不同时期的不同写法及其历史流变背后的文化意蕴（如图3-17所示）。概言之，甲骨文普及与研究活动增进了学生对中国汉字的历史演变、不同时期和不同形式的文字之间的联系的认识，也有利于增强他们对中国汉字的历史认同感。

图3-17 甲骨文普及与研究活动现场照片

"芙蕖杯"诗词大会由四川大学文学与新闻学院文学联合会主办、多个学生社团协办，每年都会吸引广大诗词爱好者前来参与，已经成为四川大学推广古典诗词、实现诗润人生的一大中华优秀传统文化实践品牌（如图3-18所示）。古典诗词不仅有抚慰心灵、滋养情感的作用，在学生的日常生活学习中也有特殊的意义。"芙蕖杯"诗词大会的活动主旨在于让更多人感受到古典诗词的非凡魅力，引导参与学生自发将古典诗词融入日常生活，让他们的人生因为古典诗词而变得更加丰盈充实。"芙蕖杯"诗词大会通常分为四轮比赛，通过不同形式考验参与学生的诗词积累与诗词感悟。作为中国古典诗词普及与宣传活动，它不仅能够帮助参与学生了解更多的中国古典诗词知识，而且可以引导他们在品读中国古典诗词的过程中自发了解其背后的历史背景与文化知识，其中华优秀传统文化实践效用不可小觑。

图 3-18 "芙蕖杯"诗词大会现场照片

景行读书会由四川大学鹤鸣古典社、纸鸢书院川大分社、四川大学诚社、雅韵古典文学社联合举办，每期都会有不同的主题，参与者围绕这些主题展开讨论。例如在以《诗经》为主题的景行读书会上，主讲人细致地讲解《诗经》形成的历史过程，借此对《诗经》的体例和读法进行深入阐述，从而帮助参与学生进一步了解《诗经》的文化意义与历史价值（如图3-19所示）。景行读书会尤为注重对中华优秀传统文化经典的阐发与研讨，每期设置不同主题的做法带给学生更大的自主选择空间，同时也可以丰富他们的知识结构，让他们感受中华优秀传统文化的博大精深。

图 3-19 景行读书会现场照片

"成都出土南朝造像的历史价值"学术讲座是一次师生共同参与的、以成都出土的南朝造像为主题的中国历史文化交流活动。该学术讲座大致分为三个部分：第一部分评介成都万佛寺遗址出土的梁朝药师佛像的历史意义，第二部分以成都南朝造像为例考察北齐、北周造像风格的形成过程，第三部分阐释成都南朝造像风格的历史渊源。在"成都出土南朝造像的历史价值"学术讲座结束以后，在座师生就其主要内容交流看法，这种讨论有助于加深他们对成都出土南朝造像在内的中华优秀传统文化的认识（如图3-20所示）。

图3-20 "成都出土南朝造像的历史价值"学术讲座现场照片

"明月映飞天——敦煌石窟艺术"漫谈活动由四川大学鸣沙丝路学社主办，邀请在相关研究领域有所建树的专家学者来到活动现场，跟参加学生进行学术分享与经验交流。该活动以相对轻松的漫谈形式进行，有利于拉近主讲嘉宾与参与学生之间的距离，为师生畅聊中国敦煌石窟艺术搭建起良好的平台，有助于参与学生更好地了解敦煌的历史人文与地理特点，也有利于拓展参与学生的学术视野和知识储备。

"当兵：华北根据地农民如何走向战场"读书会由四川大学历史文化学院（旅游学院、考古文博学院）默鸣学社主办，邀请在相关研究领域耕耘多年的老师到场担任评议嘉宾，由学生进行导读，鼓励不同专业、不同年级乃至不同学院的学生参与。首先由负责导读的学生介绍"新革命史"史学趋向的历史由来与发展脉络，接着由评议嘉宾对之进行点评，然后进入在座师生共同讨论的环节,大家各抒己见,不断加深对相关问题的认识,收获更多对中国历史与中国文化的新知与心得。

(三)风俗习惯

风俗通常是指生活在特定区域之中的人们共同遵守的行为规范,因为自然条件而造成的行为差异被称为"风",因为社会文化而造成的行为差异被称为"俗",而中华民族经过数千年的历史流变,逐渐形成了形态各异、多元共生的多种风俗习惯。四川大学学生社团开展的以中国传统风俗习惯为主题的中华优秀传统文化实践,主要是通过向活动参与者讲解中国传统风俗习惯,或者引导他们亲身体验中国传统风俗习惯,来传播其中的文化内涵与精神内核。

"春天飞花令"活动由四川大学白象学社、比较文学社、明远当代文学研究会三个学生社团主办。该活动主要分为两个游戏比赛——"飞花令""谁是卧底","飞花令"比赛考验参与学生的诗词功底,而"谁是卧底"则主要是为了活跃气氛。"春天飞花令"活动以游戏比赛的形式向参与学生普及"飞花令"这一中国传统风俗习惯,既可以激发他们对中国古典诗词的兴趣,也可以加强他们在中国古典诗词方面的交流(如图 3-21 所示)。

图 3-21 "春天飞花令"活动现场照片

方言茶话会是由四川大学文学与新闻学院青桐文学社、在兹国风社联合主办的巴蜀魅力展系列活动之一，以传播四川方言文化为主题，致力于展现四川方言文化的美（如图3－22所示）。作为西南地区通用的官话，四川方言有着广泛的群众基础和广阔的影响范围，方言茶话会为来自五湖四海的学生了解四川方言提供了一次难得的机会。在方言意思抢答环节中，根据主持人展示的四川方言词组与四川方言语句，参与学生需要抢答竞猜它们的正确意思。方言茶话会让参与学生对四川方言有了进一步认识，也启发他们挖掘四川方言背后隐藏的历史意蕴和地域文化。

图3－22 方言茶话会现场照片

上巳节暨"中国华服日"庆祝活动由四川大学舍南有竹汉服文化协会举办，先由该学生社团社长介绍"中国华服日"的基本情况，随后参与学生开始"飞花令""击鼓传花"等中国传统游戏。在游戏过程中，学生们相互分享自己与汉服之间的故事，交流彼此对汉服文化的认识。该活动有助于汉服爱好者加强相互之间的沟通，也有助于加深参与学生对中国传统服饰的了解（如图3－23所示）。

图3-23 上巳节暨"中国华服日"庆祝活动现场照片

花灯活动由四川大学巧心坊协会举办，由该社团成员向现场学生讲解制作花灯的具体步骤和操作要点，并且向他们分发制作花灯所需的材料。在花灯活动现场，参与学生分工协作，积极动手制作花灯，充分享受制作花灯过程中的种种乐趣，相互交流对制作花灯的体会与看法。花灯活动不仅可以让参与学生学习如何制作花灯，体验制作花灯，也可以让他们了解花灯的文化意义，帮助他们加深对中华优秀传统文化的理解（如图3-24所示）。

图3-24 花灯活动现场照片

中华文化游园活动是在四川大学学生社团联合会的带领下，由四川大学巧心坊协会、SOMA协会联合举办的一次中华优秀传统文化实践系列活动，包括香囊制作体验活动、剪纸体验活动、中国结制作体验活动等，内容丰富，形式多样，吸引了众多学生前来了解并亲自动手制作。学生社团成员向现场学生耐心传授以上物件的手工制作方法，努力让参与学生体验到自己动手实践的快乐（如图3-25所示）。该活动旨在宣扬中华优秀传统文化的独特魅力，让参与学生在自己动手制作手工艺品的过程中，增进对中华优秀传统文化的了解与认同。

图3-25 中华文化游园活动现场照片

中华优秀传统文化周活动由四川大学书画协会筹办，由社团成员提前准备好纸伞、纸扇、画笔、书签、染卡等材料，在活动当天赠予现场学生，后者可以在纸伞、纸扇上进行绘画，也可以在书签上题词，或者制作一张特别的染卡，可以在这些材料上充分发挥和展现自己的想象力与文化素养（如图3-26所示）。中华优秀传统文化周活动不仅向参与学生展示了中国古典书画的魅力，也让学生得到亲身体验，有利于中华优秀传统文化的传扬。

图 3-26　中华优秀传统文化周活动现场照片

（四）民族服饰

众所周知，华夏大地上的 56 个民族由于地理、气候、民俗、经济、文化、饮食等方面的差异，经过漫长的发展演变过程，造就了如今风格多样、款式多元、绚丽多姿的中华民族服饰文化。民族服饰是四川大学学生中华优秀传统文化实践的重要主题之一。四川大学学生社团往往通过设计比赛、现场展示、亲身体验等方式，引导参与学生感受中国传统民族服饰的艺术性与文化性。

第四届"绘世杯"设计大赛由四川大学轻工科学与工程学院牵头举办，以"传"为主题，要求参赛学生以服饰、装饰绘画、工艺品等为主进行设计。第四届绘世杯设计大赛分为报名、初赛、决赛三个环节，其中初赛要求参赛学生以电子版形式展现设计图纸、设计详情、设计理念。第四届绘世杯设计大赛吸引了众多学生参与其中，他们用巧妙的构想与精美的制作呈现出设计的美感，表现出丰富多彩的艺术才情，也可以从中看出他们对中华优秀传统文化的价值认同（如图 3-27 所示）。

图 3-27 第四届"绘世杯"设计大赛相关作品照片

"非遗之面具涂鸦"活动由四川大学服饰文化与非遗保护协会牵头举办，在活动前期，由该协会宣传部制作、打印、张贴、发放海报和宣传单，并且在 QQ 空间等社交媒体上进行宣传。活动当天，服饰文化与非遗保护协会依靠自身积累的服饰知识与指导教师的专业指导，充分发挥服装与服饰设计的专业优势，组织参与学生进行涂鸦，取得了较好的现场效果（如图 3-28 所示）。该活动尝试将传统的非物质文化遗产与潮流的涂鸦绘画方式结合起来，让中华优秀传统文化走进学生中间。

图 3-28 "非遗之面具涂鸦"活动现场照片

（五）饮食文化

"民以食为天"，饮食文化长久以来都是人类文明的一个重要组成部分，跟不同时期、不同地域的生产方式、社会文化、风俗习惯、民族性格等息息相关。中国饮食文化源远流长，不只是在于"饱腹"的现实需求，更是在于"色香味"的审美调和与"精美情礼"的文化底蕴。四川大学学生社团在开展以饮食文化为主题的中华优秀传统文化实践时，往往会采用具有创新性与多样性的活动形式，充分展现中国饮食文化的丰富性。

"巴蜀美食变形记"是由四川大学巴蜀文化研究会主办的一次以饮食文化为主题的中华优秀传统文化实践，旨在以趣味活动的形式介绍与传播巴蜀饮食文化，增进活动参与者对巴蜀饮食文化的了解（如图3-29所示）。在"巴蜀美食变形记"中，每个参与团队用舞台演绎的形式介绍本团队所选择的一种巴蜀美食，表演时间限制在15分钟之内，表演分数由巴蜀文化研究会打分和参与团队互评构成。当然，比赛结果不是最重要的，最重要的是参与学生在活动中收获更多有关巴蜀饮食文化的知识，以舞台情景表演的形式表达自己对巴蜀饮食文化的见解，想必这种经历会在他们的人生记忆中留下不一样的印迹。

图3-29 "巴蜀美食变形记"现场照片

"茶禅一味"活动由四川大学茶学社主办，以禅茶文化为主题，带领参与者品茶论禅、磨炼心性。禅茶文化是中华文化史上的一种独特现象，也是中国对世界文明做出的一个重要贡献，承载着丰富、悠久、生动的历史人文景观。在"茶禅一味"活动中，四川大学茶学社社长为参与学生现场表演茶艺，讲解茶艺器具，并且带领参与学生一起观赏潮汕工夫茶的制作过程。随后现场学生围绕茶艺与禅道进行交流和讨论，深入探讨二者之间的复杂关联，并且从中寻找生活的哲理与生命的哲思（如图3-30所示）。

图3-30　"茶禅一味"活动现场照片

（六）科学技术

整体而言，以科学技术为主题的四川大学学生社团中华优秀传统文化实践覆盖面较广，包含中国历史上的物理、建筑、医学、机械、纺织、制造等多种具有实操性质的门类，所涉知识领域较为多元。因此，四川大学学生社团在开展以科学技术为主题的中华优秀传统文化实践时，往往根据活动的具体主题及其技术门类来选择相应的理论讲解方式或实操体验形式，从而增强参与者的代入感与体验感。

四川大学科技史研习社牵头举办了中国传统印刷术体验活动，该活动分为理论介绍和实践体验两个环节。在理论介绍环节，来自四川大学文化科技协同创新研发中心的老师为在场学生详细介绍中国传统印刷术的发展过程、印刷方式、代表作品等，让他们对中国传统印刷术的理论知识有了新认知。在实践体验环节，学生亲身体验木刻凸印工艺，刻印门神、老虎等具有浓厚中华优秀传统文化气息的图案，感受中国传统习俗（如图3-31所示）。这次活动增加了参与学生对中国传统印刷术的多方面了解，也让他们体会到中国传统印刷术对于中国文明乃至世界文明的发展与传播所起到的重要推动作用。

图3-31　传统印刷术体验活动作品照片

榫卯结构模型拼接活动由四川大学科技史研习社主办，旨在引导参与者学习中国古代建筑文化，组织他们动手组装桌椅、斗拱、鲁班锁、浮游阁等模型，带领他们感受中国古代建筑文化的独特魅力。榫卯结构模型拼接活动首先由嘉宾老师细致讲解中国古代建筑结构，展示屋顶、屋身、台基的种类和作用，阐释金、木、水、火、土与东、西、南、北在中国古代建筑文化中的象征意义。在随后的活动环节中，参与学生纷纷挑选自己心仪的中国古代建筑模型进行组装练习（如图3-32所示），在实际操作中进一步感受中国古代建筑文化的博大精深。

图 3-32 榫卯结构模型拼接活动现场照片

"非遗传承之扎染"活动由四川大学服饰文化与非遗保护协会主办，参与者现场体验扎染工艺，亲身感受扎染的制作过程，培养艺术创作能力，提升对中国传统扎染工艺的认识，是一次颇受好评的中华优秀传统文化实践（如图 3-33 所示）。总的来说，在该活动中，涌现出数量可观的优秀扎染工艺作品，扎染文化也得到了进一步的传播。

图 3-33 "非遗传承之扎染"活动现场照片

（七）道德风尚

在悠远的历史长河中，中华民族的道德风尚以儒家伦理道德为主，兼容墨、释、道、法、名等多种中国传统道德思想。在步入近现代社会以后，中华民族的道德风尚与红色革命精神相融合，形成以中国特色社会主义价值观等为代表的新时代道德风尚。2021年，中共中央办公厅印发《关于在全社会开展党史、新中国史、改革开放史、社会主义发展史宣传教育的通知》，从"学习党史""学习新中国史"到"学习四史"，这是国家在"百年未有之大变局"之际提出的新任务与新使命。为深入贯彻落实习近平总书记重要会议精神，增强广大学生拼搏进取、立德修心的社会责任感，四川大学学生社团通过故事分享、理论讲座、主题教育等多种形式开展一系列以中华民族道德风尚为主题的中华优秀传统文化实践活动，下面将进行介绍。

"忆五四英雄 做时代青年"故事分享会中，参与者通过聆听、讲述历史故事，增强了爱国情怀、坚定了政治立场、强化了理想信念。在该活动中，先由学生分别讲述傅斯年参加五四运动的历史过程、革命烈士赵一曼的被捕过程、党的优秀儿女江竹筠追求真理不屈抗争的人生经历、革命英雄刘伯坚毅然投身革命而百折不挠的革命故事，随后嘉宾老师对学生讲述的历史故事进行评述（如图3-34所示）。"忆五四英雄 做时代青年"故事分享会丰富了高校思想政治教育的开展形式，也有助于把红色基因融入中华优秀传统文化实践。

图3-34 "忆五四英雄 做时代青年"故事分享会现场照片

"品读红色家书 传承百年信仰"大赛由四川大学青年马克思主义研究会主办、习近平新时代中国特色社会主义思想青年学习会协办,旨在围绕"百年党史"这一主题讲述红色家书里的百年党史,为开展党史学习教育活动增添助力。该活动通过引导参与者品读红色家书,发掘老一辈中共党员书信背后的故事,学习他们身上的优秀品质,使其更好地做到学史明理、学史增信、学史崇德、学史力行,最终实现以"信"为载体,传递"信仰""信念""信守""自信"的目的(如图3-35所示)。

图3-35 "品读红色家书 传承百年信仰"大赛现场照片

"传承红色精神 厚植家国情怀"主题教育活动由四川大学材料科学与工程学院习近平新时代中国特色社会主义思想学习研习社主办,旨在引导参与者深入学习红色文化与革命精神,帮助他们坚定理想信念和远大抱负。在该活动中,嘉宾老师从"敢于革命的志气""坚持革命的勇气""不怕牺牲的傲气"三个方面,向参与学生展现以江竹筠烈士为代表的中共党员的精神面貌与意志品质,并鼓励参与学生努力学习打磨本领,将来多为中华民族复兴伟业贡献自己的力量(如图3-36所示)。"传承红色精神 厚植家国情怀"主题教育活动让参与学生对自己的历史重任与时代使命有了进一步认识,有助于他们在今后的人生当中以更加积极的心态应对各种困难与挑战。

图3-36 "传承红色精神 厚植家国情怀"主题教育活动相关照片

"庆祝建党一百周年"党建理论圆桌交流会由四川大学学生党建理论研究会主办，先由四川大学学生党建理论研究会的成员讲解有关党章的基本知识，然后由实践部的成员详细讲述江竹筠烈士的生平事迹，最后由宣传部的成员深入研读党政理论（如图3-37所示）。"庆祝建党一百周年"党建理论圆桌交流会让参与学生对党章、江竹筠烈士、党政理论有了更加深入的认识，也有助于他们增进对红色文化、革命精神、中国共产党及其理论章程等的情感认同。

图3-37 "庆祝建党一百周年"党建理论圆桌交流会现场照片

红军长征纪念馆参观活动由四川大学化学工程学院新时代中国特色社会主义理论研究会实践中心组织策划，新时代中国特色社会主义理论研究会实践中心的成员、自发而来的志愿者、四川大学化学工程学院党支部的中共党员等前往红军长征纪念馆缅怀先烈，并且进行清明节扫墓活动（如图3-38所示）。在红军长征纪念馆参观活动中，先由新时代中国特色社会主义理论研究会实践中心的指导教师致辞，号召参与者深入了解革命先烈们为中华民族伟大复兴所做的历史贡献。随即由新时代中国特色社会主义理论研究会实践中心的成员向参与者详细介绍四川大学的两位革命英雄——江竹筠烈士、王右木烈士的生平事迹。最后全体参与者向革命先烈表达哀思和追念。红军长征纪念馆参观活动有助于参与学生进一步坚定自己的理想信念，理解自己的时代使命，激励他们以更饱满的激情投身到实现中华民族伟大复兴的事业当中。

图3-38 红军长征纪念馆参观活动现场照片

探望离退休老教师活动由四川大学化学工程学院新时代中国特色社会主义理论研究会实践中心牵头进行，四川大学化学工程学院新时代中国特色社会主义理论研究会实践中心的诸多成员、四川大学化工学院党支部的部分中共党员以及学校的一些学生志愿者参与其中，他们怀揣着对离退休老教师们的感激敬佩之情，代表四川大学化学工程学院向老教师们送去真诚的慰问与温暖的关心。在探望离退休老教师活动中，参与学生帮助离退休老教师打扫房间，做一些力所能及的家务，同时也认真聆听离退休老教师传授人生经验、治学心得、生活感悟（如图 3-39 所示）。本次探望离退休老教师活动不仅体现出四川大学化学工程学院对离退休老教师们的诚挚关怀，同时也激励着参与学生继续学习和发扬离退休老教师们艰苦奋斗、脚踏实地、乐于奉献的优良作风，努力为建设祖国贡献自己的力量。

图 3-39 探望离退休老教师活动现场照片

综上所述，四川大学学生社团开展的中华优秀传统文化实践活动在整体上具有以下三大特点：活动范畴丰富，活动类型多样，活动主题多元。与此同时，四川大学学生社团在开展中华优秀传统文化实践方面，也不可避免地存在一些问题与不足，例如实操类活动较少、整体上活动规模较小等。通过分析四川大学学生社团在开展中华优秀传统文化实践方面的具体情况，能够看出高校学生社团在这方面取得的成绩，以及存在的一些普遍性问题。

第三节 高校学生社团的中华优秀传统文化实践效果

前文分析了高校学生社团的中华优秀传统文化实践管理制度,并且以四川大学学生社团为重点考察案例梳理了高校学生社团的中华优秀传统文化实践情况,下文将着重分析高校学生社团的中华优秀传统文化实践效果,从而为今后高校学生社团提升中华优秀传统文化实践的现实成效提供一些有益的参考与建议。与前文相似,为了相对集中地论述实践效果,下文也将以四川大学学生社团为重点考察案例,争取以点带面地呈现高校学生社团中华优秀传统文化实践效果的整体面貌。在前文已有结论的基础上,我们需要追问以下问题:管理制度对四川大学学生社团的中华优秀传统文化实践究竟起到了哪些作用?如何认识四川大学学生社团中华优秀传统文化实践的优势与不足?怎样看待四川大学学生社团中华优秀传统文化实践在高校人才培养中的实际成效?对于这些问题,下文将进行详细论述。

一、基本现状

正如前文所说,四川大学学生社团开展的中华优秀传统文化实践在整体上具有活动范畴丰富、活动类型多样、活动主题多元三大特点,这也是目前高校学生社团开展的中华优秀传统文化实践普遍具有的特征。相比其他高校的学生社团,四川大学学生社团开展的中华优秀传统文化实践具有更加多样的文化属性和更加广阔的文化内容,在古典艺术、知识分享、道德风尚三类活动中,学生表现得格外活跃,这从侧面彰显出四川大学学生社团的价值引领趋向和活动创新倾向。

与此同时,四川大学学生社团在开展中华优秀传统文化实践方面同样存在一些问题,例如实操类活动较少、缺乏现场互动的环节、偏向单向的传播关系等,导致参与学生的活动体验感有所缺失。

另外，四川大学学生社团中华优秀传统文化实践的规模往往不大，多以学生社团或者学院为组织单位，校级及以上的大型活动还不多。活动规模不大可能会导致参与学生数量较少、参与学生群体单一、活动影响力较小等问题。

总体而言，四川大学学生社团在开展中华优秀传统文化实践上，形成了较为完善的管理制度保障，目前运行状况良好，活动类型较为丰富，但是在活动形式、活动宣传、活动规模等方面仍有进一步提升的空间。梳理四川大学学生社团在这方面的基本现状，也能够在一定程度上窥探我国高校学生社团在开展中华优秀传统文化实践方面的普遍情形。

二、育人成效

通常来说，高校学生社团开展中华优秀传统文化实践的育人成效是多方面、综合性的，不同类型、不同形式、不同环境的中华优秀传统文化实践活动可能具有不尽相同、种类多样的育人成效。其中，对中华优秀传统文化的继承与弘扬是一种较为突出的育人成效，也是一种比较直接的育人成效。

高校学生社团如果要开展中华优秀传统文化实践，首先需要高校学生对中华优秀传统文化有一定的了解，这是进行相关实践活动的基本前提。在高校学生社团开展中华优秀传统文化实践的过程之中，对中华优秀传统文化的探讨与交流不仅起到了传播文化和宣扬文化的作用，也起到了文化再生产和文化再创造的作用。

值得一提的是，许多高校学生社团在开展中华优秀传统文化实践时，都会创新活动形式与活动内容，这种做法既有利于提升中华优秀传统文化实践的育人成效，也有助于中华优秀传统文化的革新与弘扬。之所以会有一些优秀传统文化消失在人们的视野之中，一个重要原因就是它们没有被赋予契合现代审美思维的新型承载形式，慢慢被"快餐文化时代"的文化消费产品所覆盖。高校学生社团在创新中华优秀传统文化实践的形式与内容时，既是在提升中华优秀传统文化实践的育人成效，吸引更多学生参与其中，也是在学习、传扬、革新中华优秀传统文化，让中华优秀传统文化活跃在现实生活当中。

除了继承与弘扬中华优秀传统文化以外,对当代大学生精神世界的塑造与文化品格的培养,也是高校学生社团开展中华优秀传统文化实践的一种十分重要的育人成效。正如习近平总书记所说,培养什么人,是教育的首要问题。我国是中国共产党领导的社会主义国家,这就决定了我们的教育必须把培养社会主义建设者和接班人作为根本任务。[1] 沿着此一思路,有学者提出高校内涵式发展的最终落脚点就在于完成人才的发展和培养这个根本任务。[2] 作为高校学生组织的一个重要构成部分,学生社团肩负着开展文化育人实践活动的重要职能,而中华优秀传统文化可以在其中起到以文化人、以文育人的深远作用。

众所周知,文化是人在实践中创造出来的,亦有着塑造人、培养人、陶冶人的育人功能,甚至在某种程度上说可以把人受到的教育统称为文化的教育。中华优秀传统文化也是如此,其育人功效历来受到重视,例如儒家十分善于运用经典来培育人的品质,而且这种以中华优秀传统文化来育人的做法成为中华民族的一种重要文化传统。中华优秀传统文化与社会主义核心价值观密切相关、一脉相承,因此,中华优秀传统文化能够很好地帮助当今高校学生塑造自己的世界观、价值观、人生观,引导他们更好更快速地成长成才,早日成为一名合格的社会主义接班人,为社会主义建设事业贡献自己的力量。

最后,唤醒和增强当代高校学生的文化自觉与文化自信,帮助他们加强使命感与责任感,也是高校学生社团开展中华优秀传统文化实践的一种不可忽视的育人成效。正如习近平总书记所指出的那样:"培育和弘扬社会主义核心价值观必须立足中华优秀传统文化。"[3] 中华民族有着赓续千年的深厚历史,有着数之不尽的文化典籍,有着不可磨灭的民族精神,这些都应当成为高校人才培养的重要教育资源。

党的十八大报告提出:"全面建成小康社会,实现中华民族伟大复兴,

---

[1] 习近平:《坚持中国特色社会主义教育发展道路 培养德智体美劳全面发展的社会主义建设者和接班人》,人民网,2018年9月11日。

[2] 参见谢守成、文凡:《新时代高校组织育人的逻辑定位、现实境遇与实施策略》,载《思想理论教育》,2019年第5期。

[3] 习近平:《习近平谈治国理政》(第一卷),外文出版社,2018年版,第163~164页。

必须推动社会主义文化大发展大繁荣,兴起社会主义文化建设新高潮,提高国家文化软实力,发挥文化引领风尚、教育人民、服务社会、推动发展的作用。"[1] 中国在进行现代化建设的过程中,必须以中华优秀传统文化为根基,树立高度的文化自觉和坚定的文化自信,这是实现中华民族伟大复兴的必不可少的一个要素。随着当今世界经济全球化、政治格局多极化、文化信息多元化纵深发展,全球性的文化交流、文化碰撞、文化融合愈发频繁,文化在综合国力竞争中的地位与作用日益凸显。中华民族伟大复兴必然包含中华文化的繁荣与发展,而博大精深、源远流长的中华优秀传统文化为建设社会主义文化强国提供了丰富的思想资源、文化资源、理论资源,是实现中华民族伟大复兴的宝贵精神财富。作为高校开展文化育人的重要组织力量,学生社团的中华优秀传统文化实践可以而且应当发挥重要的育人成效,帮助更多学生确立高度的文化自觉和坚定的文化自信,引导他们主动担负起弘扬中华优秀传统文化、建设社会主义现代化事业、实现中华民族伟大复兴的使命。

三、优势与不足

目前,高校学生社团的中华优秀传统文化实践的主要特点之一是活动数量大、活动品类多,其原因是多重的。大体说来,一是因为高校学生社团的数量本就众多,它们撷取中华优秀传统文化的视点不尽相同;二是因为博大精深的中华优秀传统文化能够为高校学生社团提供大量资源,使得各类活动呈现出百花齐放的争鸣态势;三是因为兼容并包、多元共生的高校文化生态为学生社团开展中华优秀传统文化实践创造了良好的客观环境,在相当程度上保障了其多样性、便捷性与流通性。

进而言之,相比高校其他的学生组织而言,学生社团活动的审核流程相对较快,还可以采用多种形式因时因地开展活动,故而具有其他学生组织鲜有的灵活性。与此同时,高校学生社团往往以文化趣味为重要导向之一,充分考虑成员与受众的兴趣爱好,尽量筹办让高校师生喜闻乐见、乐于参与的中华优秀传统文化实践,以便取得更好的实践效果。这种做法令

---

[1] 参见《胡锦涛在中国共产党第十八次全国代表大会上的报告》,2012 年 11 月 8 日。

高校学生社团的中华优秀传统文化实践更能获得参与者的接受与认可，也有利于帮助他们在参与活动的过程中实现知识、情感和行为的有机统一。之所以这样说，是因为对传统文化知识的传承和发扬，不能只停留在文化观念传播层面，更应该落实到具体可感的文化行为上。中华优秀传统文化实践是高校进行人才培养的一种重要途径，也是大学生学习、传扬、感悟中华优秀传统文化的一个重要环节，所以高校必须高度重视大学生中华优秀传统文化实践的长期开展。在此种情形下，以文化趣味为重要导向无疑能够起到至关重要的作用，具备相关条件的高校学生社团可以结合自身优势，逐步摸索建立起独树一帜的中华优秀传统文化实践系列活动，从而构建具有长效性、系统性、自发性的中华优秀传统文化实践的运行体制与运行章程。

除此之外，以高校学生社团这一学生组织为主体开展中华优秀传统文化实践，既有利于发掘高校学生自身的优势、特长与潜力，同时也是发挥高校文化育人功用的一种重要途径。整体而言，高等教育的根本任务是立德树人，让大学生在友爱、诚信、守法的氛围中，践行求真、向善、爱美以及知羞、知耻、知丑的世界观、人生观、价值观。高校学生社团则需要贯彻落实立德树人的根本任务，不断推动素质教育的进程，促进大学生德智体美劳全面发展。从这个角度来说，高校学生社团开展中华优秀传统文化实践既是在帮助大学生德智体美劳全面发展，也是在贯彻落实立德树人这个根本任务。

与之相应，高校学生社团具有多种类型的育人功能，"文化育人""实践育人"是其中的两种关键性育人功能，高校学生社团需要将"文化育人""实践育人"的核心思想贯穿于中华优秀传统文化实践的全过程，成为高校开展"文化育人""实践育人"的重要阵地。在开展中华优秀传统文化实践的过程中，高校学生社团成员不仅可以结识其他学生和老师，锻炼自身的为人处事能力，而且可以学习中华优秀传统文化知识，加深对中华优秀传统文化以及社会主义核心价值观的认识。因此，当今高校应该继续发扬此一传统优势，充分发挥学生社团在文化育人、实践育人上的作用，持续拓展中华优秀传统文化实践的受众群体和适用范畴。

尽管目前高校学生社团中华优秀传统文化实践具有许多优势和长处，

但是就实践活动的内容而言，还存在一些需要改进的地方。其中比较突出的一个问题是中华优秀传统文化实践的策划者、组织者、参与者缺乏对中华优秀传统文化的深层次理解，大多数相关实践缺乏理论深度与思想内涵，没有对中华优秀传统文化进行深度阐发、现代转化、创新改装，这显然不利于达到中华优秀传统文化实践的预期目标与预期效果。具体而言，大多数中华优秀传统文化实践主要是借用中华优秀传统文化的表现形式，却没有将中华优秀传统文化的精神内涵很好地呈现出来，传统因子与现代元素没有得到有效结合，导致实践内容与受众预期存在不同程度的偏差。当然，不是每一种中华优秀传统文化都可以、都需要进行契合当今高校学生审美期待的现代转化，然而如果大部分中华优秀传统文化实践都采取较为单调的座谈、表演、讲座等常见活动形式，可能会让参与学生感到审美疲劳，影响其投身活动的积极性，进而使得中华优秀传统文化实践难以获得理想的育人成效。因此，中华优秀传统文化实践的策划者、组织者应当积极与指导老师、分管社团联合会、其他学生社团等进行沟通，挑选合乎时宜、便捷有效、具有新意的活动形式，并且将中华优秀传统文化与现代文明适当融合，使之跟现代社会语境下的高校育人体系与高校育人旨趣更加契合，从而为高校人才培养、社会主义文明建设和中华民族复兴伟业不断贡献力量。

此外，现有高校学生社团的中华优秀传统文化实践还存在着由于缺乏专业知识导致的实践质量有待提高的问题。对于高校学生社团而言，并不是所有中华优秀传统文化实践都可以直接上手，部分涉及专业知识、专业技艺的中华优秀传统文化实践则需要请专业人员从旁协助，例如戏剧、皮影、竹编等中华优秀传统文化技艺相比常见的文学艺术种类而言更难上手，对专业知识、专业技术的要求也高得多。高校学生社团并不一定能找来相关专业人员长期帮助，然而大量中华优秀传统文化实践需要相关专业人员的大力支持，否则会在很大程度上影响其呈现效果、受众反馈与育人效果。如果想要解决这个问题，就需要高校学生社团积极寻求相关专业人员的持续帮助，吸引更多的专业指导老师参与其中；同时也需要管理部门在人力、物力、财力等方面给予大量支持，并且对高校学生社团的中华优秀传统文化实践加强指导、监管与评估。

最后，高校学生社团在打造中华优秀传统文化实践的品牌活动方面存在有待提升的空间，目前兼具知名度、连续性与实效性的相关品牌活动数量并不算多。正如之前所说，数量多、品类多、主题多是高校学生社团中华优秀传统文化实践的三大优点，但是如果高校学生社团不注重对相关实践进行有效整合、促使不同学生社团之间形成发展合力的话，那么相关实践很难扩大活动规模、提高活动质量、提升活动影响力，高校学生社团自身的种种优势也难以得到充分发挥，"三大优点"反而有可能会成为长效发展与治理中最棘手的难题。目前高校学生社团自发组织的中华优秀传统文化实践的影响范围往往较小，这与学生社团自身人手不足、缺少宣传渠道、拥有资源较少等有着一定关系，而参与人数较多、活动反响较好的中华优秀传统文化实践往往是多部门联合筹办的品牌活动。因此，高校学生社团应该树立起中华优秀传统文化实践的品牌意识，努力推出一系列具有学校特色、文化底蕴、社会影响的相关实践活动，提升中华优秀传统文化实践的活动质量与育人成效。与此同时，高校学生社团需要从学校的其他管理部门、学生组织寻求技术、资金、人力等方面的支持，加强多部门、多社团、多人员之间的交流协作，增强中华优秀传统文化实践的文化底蕴，提高中华优秀传统文化实践的组织水平、文化内涵与品牌效应，从而扩大文化育人的覆盖面。

质言之，高校学生社团在中华优秀传统文化实践方面的努力值得肯定，也取得了许多成绩，但是也存在一些问题与不足，比如尚未形成专业、清晰、稳定的配套实践管理制度，相关规章制度的表述不够清晰，对自身的资源与优势的挖掘和利用都还不够等。今后高校学生社团在开展中华优秀传统文化实践时，应当想方设法建构起民主、高效、长久的中华优秀传统文化实践运行体制，实现专业化、长效化与制度化发展，同时加强跟相关管理部门的交流，争取更多的实际支持。不仅如此，高校学生社团还应该不断丰富中华优秀传统文化实践的主题内容，加强对相关人才的培育与引进，打造高质量的系列品牌活动，成为高校文化育人的重要阵地。需要注意的是，实践管理制度对于中华优秀传统文化实践当然具有不可替代的重要作用，然而我们也不能由此忽略或低估人的因素在其中扮演的关键性角色，这也是一个值得深入探讨的话题。下文将以"人"为核心视角，聚焦高校学生社团中华优秀传统文化实践的各个环节中的指导者、管理者、组织者，尝试从微观的角度进一步阐释中华优秀传统文化实践的运行机制。

第四章　中华优秀传统文化融入高校学生社团实践的问题及创新困境

前文梳理了高校学生社团中华优秀传统文化实践的管理制度、活动情况、实际效果，本章将深入探析中华优秀传统文化实践过程中的个人感受。着眼于此，本书运用半结构化访谈法，以理论抽样的方式抽取46名访谈对象，并收取52份社团信息采样表，总共获得原始文本98份。以这些文本为基础，下文将着重讨论中华优秀传统文化融入高校学生社团实践的问题以及高校学生社团创新中华优秀传统文化实践的困境，从而为今后高校学生社团提升中华优秀传统文化实践效果提供一些有益的启发。

第一节　研究方法

目前学术界关于高校学生社团中华优秀传统文化实践的研究已有一些颇具分量的成果，但是还没有出现比较成熟的理论模型。再加上不同高校的实际情况各不相同，甚至同一高校不同学院的学生社团运行机制也不尽相同，所以中华优秀传统文化实践在其中呈现的特点与面貌也有所差异。因此，本书决定采用半结构化访谈的方法展开研究，使用文本分析的方式对访谈资料进行归纳和总结，从微观层面了解其具体问题和发展困境。

一般而言，"半结构化访谈"是指访谈人通过跟受访人进行面对面的交谈，来了解受访人的行为、心理、情感的一种心理学研究方法。为了更好地开展相关研究，本书选取的受访人为四川大学学生社团涉及中华优秀传统文化实践的各类人群。在开始访谈之前，访谈人需要拟订访谈提纲，熟悉访谈的整体流程与注意事项。与此同时，还要采取分类访谈的方法，对受访人进行甄别与区分，事先准备好具有针对性与指向性的提问形式及问题，以便深入了解相关情况、深入挖掘真实信息。

结合具体学生工作经验，本书将研究预设的受访人大体分为指导者、管理者、组织者三种类型，具体见下文的抽样过程。概言之，研究将使用半结构化访谈法，设置多种主题，预设多类问题，深度挖掘各个受访人的观点、态度和想法，从而为相关研究提供丰富、翔实、确切的文本资料。

访谈首先需要确定哪些学生社团跟中华优秀传统文化实践相关，这是确保访谈有效性的基本前提。四川大学学生社团主要分为七种类型，其中跟中华优秀传统文化实践相关的学生社团主要是文化体育类和学术科技类学生社团。本书主要选取跟文化体育类学生社团、学术科技类学生社团相关的师生展开访谈。基于四川大学学生社团的整体现状，本书将受访人主要分为三种类别（见表4-1）。

表4-1 访谈对象类别及其身份

对象类别	身份	举例
指导者	在职在岗的专职教师	学校及学院领导、学生社团指导教师、具有相关专业能力的专家
管理者	相关学生工作部门中任职的学生干部	社团联合会干部、干事以及其他学生会干部
组织者	学生社团内的学生干部	学生社团社长、部长以及干事

第一种类型为指导者，主要是指在职在岗的教师，包括学校学生工作领导、学生社团挂靠的学院领导、学生社团指导教师以及有相关专业能力的学者等。指导者的一大突出特点是具有长期直接参与学生工作和指导中华优秀传统文化实践的实际经验，能够从一定高度指导实践，发挥把关职能。指导者往往在必要时给予学生社团所需的支持、建议和指导，一般不会直接干涉学生社团的日常管理运营。

第二种类型为管理者，指在相关学生工作部门中任职的学生干部，主要为院校两级社团联合会的干部、干事，同时也包含其他学生会干部。这里所说的"管理"是指管理者从宏观层面参与学生社团的整体管理事务，

第四章　中华优秀传统文化融入高校学生社团实践的问题及创新困境

但是并不直接干预学生社团的具体内部事务，而是按照学校、学院的相关要求对学生社团实施监管和审核。相比指导者而言，管理者跟学生社团的接触通常更为频繁。

第三种类型为组织者，主要是指学生社团内部履行管理职责和运行职能的学生干部，他们是学生社团开展中华优秀传统文化实践的主要承担者，也是学生社团开展中华优秀传统文化实践活动的中坚力量，负责种种具体事务，在其中起着至关重要的作用。

质性研究需要受访人对访谈人提出的问题事先有所理解，从而取得更好的访谈效果，所以本书在上述分类的基础之上，在四川大学内部以理论抽样的方式选择具有中华优秀传统文化实践经历以及学生社团工作经历的教师、学生进行访谈，搜集他们对中华优秀传统文化实践的感受与见解。

为了保证所获访谈文本的全面性与系统性，我们在指导者的抽样过程中并不完全局限于学生社团的指导教师，而是将抽样对象适当扩展到跟中华优秀传统文化实践相关的各类教师中，其中包含具有丰富学生工作经验的行政教师、中华优秀传统文化研究领域的学者以及中华优秀传统文化相关项目的负责人等。与此同时，在选取管理者和组织者的过程中，我们主要邀请具有参与中华优秀传统文化实践的丰富经验的受访人参与访谈，例如邀请具有复合身份的学生，他们具有跟中华优秀传统文化实践相关的多个学生社团的参与组织经验，而且部分受访人既是管理者也是组织者，访谈文本更具价值。目前为止，我们总共访谈了 16 位指导者、8 位管理者、22 位组织者，共计 46 位受访人（见表 4-2）。

表 4-2　受访人基本资料

序号	受访人	任职情况	访谈方式
F01A	周老师	学校社团联合会领导	个人深度访谈
F02A	张老师	学院党委副书记、行政指导教师	个人深度访谈
F03A	干老师	学院教导员、专业指导教师	个人深度访谈
F04A	王老师	学院团委书记、行政指导教师	个人深度访谈
F05A	李老师	学工部教师、中华优秀传统文化系列讲座负责人	个人深度访谈

续表4-2

序号	受访人	任职情况	访谈方式
F06A	伍老师	行政指导教师	个人深度访谈
F07A	周老师	专业指导教师	个人深度访谈
F08A	王老师	专业指导教师	个人深度访谈
F09A	欧老师	专业指导教师	个人深度访谈
F10A	朱老师	专业指导教师	个人深度访谈
F11A	李老师	专业指导教师	个人深度访谈
F12A	吴老师	专业指导教师	个人深度访谈
F13A	李老师	专业指导教师	个人深度访谈
F14A	张老师	行政指导教师	个人深度访谈
F15A	侯老师	行政指导教师	个人深度访谈
F16A	蔡老师	中华优秀传统文化书院创办者	个人深度访谈
F17B	张同学	学校社团联合会副主席	焦点小组访谈
F18B	程同学	学校社团联合会部长、学院社团联合会干事	焦点小组访谈
F19B	王同学	学校社团联合会副部长	焦点小组访谈
F20B	罗同学	学院社团联合会会长、学生社团副社长	焦点小组访谈
F21B	陈同学	学院社团联合会副会长	焦点小组访谈
F22B	李同学	学院社团联合会会长	焦点小组访谈
F23B	王同学	学院社团联合会副会长、学校社团联合会干事	焦点小组访谈
F24B	秦同学	学院社团联合会干事	焦点小组访谈
F25B	阮同学	学生社团社长	焦点小组访谈
F26B	佟同学	学生社团社长	焦点小组访谈
F27B	郑同学	学生社团社长	焦点小组访谈
F28B	唐同学	学生社团社长	焦点小组访谈
F29B	张同学	学生社团社长	焦点小组访谈
F30B	童同学	学生社团社长	焦点小组访谈

续表4-2

序号	受访人	任职情况	访谈方式
F31B	洪同学	学生社团社长	焦点小组访谈
F32B	程同学	学生社团社长	焦点小组访谈
F33B	林同学	学生社团社长	焦点小组访谈
F34B	郑同学	学生社团社长	焦点小组访谈
F35B	王同学	学生社团社长	焦点小组访谈
F36B	杨同学	学生社团社长	焦点小组访谈
F37B	谢同学	学生社团社长	焦点小组访谈
F38B	张同学	学生社团社长	焦点小组访谈
F39B	孙同学	学生社团部长	焦点小组访谈
F40B	刘同学	学生社团部长	焦点小组访谈
F41B	黄同学	学生社团部长	焦点小组访谈
F42B	陈同学	学生社团部长	焦点小组访谈
F43B	王同学	学生社团部长	焦点小组访谈
F44B	许同学	学生社团干事	焦点小组访谈
F45B	张同学	学生社团干事	焦点小组访谈
F46B	冉同学	学生社团干事	焦点小组访谈

考虑到指导者在管理、指导、审批中华优秀传统文化实践方面具有持续性以及丰富的经验,而作为管理者、组织者的学生本身的任职时间往往不是很长、知识水平也较为有限,所以我们对教师、学生分别采取了不同的访谈方式,并且设置了不同的访谈问题。综合考虑多种因素,我们最终选择对指导者进行个人深度访谈,每人每次的访谈时间大约为60分钟;对管理者、组织者则进行焦点小组访谈,共计6组,每组5人,每组每次的访谈时间大约为90分钟。

围绕高校学生社团的日常运行机制、中华优秀传统文化实践的开展情况、中华优秀传统文化实践的育人成效三个主题,我们为教师、学生分别设置了两组不同的访谈问题,以便更有针对性地向不同受访人了解相关情况。

在跟指导者的访谈过程中，我们更加注重了解他们参与中华优秀传统文化实践的体验、专业见解和发展建议，总共设置了以下 8 组问题作为初始访谈提纲：

1. 在高校学生社团中，教师与学生之间应该建立一种什么样的关系？这种关系又会对高校学生社团的日常工作开展以及中华优秀传统文化实践产生哪些影响？

2. 学校（院）对学生社团开展中华优秀传统文化实践的资源支持是否足够？还需要在哪些地方改进？

3. 学校（院）对学生社团的规章制度设置和管理流程设置会对学生社团的日常运营及其中华优秀传统文化实践产生哪些影响？您是如何评价现有相关制度的？

4. 什么是中华优秀传统文化？将其发扬光大的意义是什么？

5. 一次好的中华优秀传统文化实践应该具有哪些特点？怎样才能举办一次好的中华优秀传统文化实践？您对现有的中华优秀传统文化实践感受如何？

6. 高校学生社团进行中华优秀传统文化实践的守正创新需要注意哪些因素？

7. 如何提升高校学生对中华优秀传统文化实践的参与度和满意度？如何使实践活动涉及的中华优秀传统文化得到更加有效广泛的传播与宣传？

8. 发展中华优秀传统文化与发展高校思想政治教育之间存在何种联系？高校学生社团如何才能更好地在中华优秀传统文化实践中将守正创新中华优秀传统文化与贯彻落实立德树人根本任务有机结合起来？

在与管理者、组织者访谈的过程中，我们注重问询其在高校学生社团的内部发展建设、中华优秀传统文化实践的活动组织策划方面的经验、问题、需求等，总共设置了以下 8 组问题作为初始访谈提纲：

1. 您如何评价您所在高校学生社团的整体氛围？这种氛围会对高校学生社团的内部发展建设及其中华优秀传统文化实践开展造成什

么影响？

2. 在高校学生社团发展建设的过程中，您遇到过哪些难题？您认为应该如何解决这些难题？

3. 学校（院）对学生社团开展中华优秀传统文化实践的资源支持是否足够？还需要在哪些地方改进？

4. 什么是中华优秀传统文化？将其发扬光大的意义是什么？

5. 您策划中华优秀传统文化实践的初衷是什么？哪些因素会影响您对中华优秀传统文化实践主题的选择？

6. 一次好的中华优秀传统文化实践应该具有哪些特点？怎样才能举办一次好的中华优秀传统文化实践？您对现有的中华优秀传统文化实践感受如何？

7. 如何提升高校学生对中华优秀传统文化实践的参与度和满意度？如何使实践活动涉及的中华优秀传统文化得到更加有效广泛的传播与宣传？

8. 发展中华优秀传统文化与发展高校思想政治教育之间存在何种联系？高校学生社团如何才能更好地在中华优秀传统文化实践中将守正创新中华优秀传统文化与贯彻落实立德树人根本任务有机结合起来？

在具体的访谈过程中，我们根据理论抽样的相关要求，对已经收集到的访谈文本进行分析与比较，适当调整一些问题或者添加一些新问题，从而形成新的、更为合理的访谈提纲。在又完成了一定数量的访谈以后，我们再对现有的访谈文本进行新一轮的整理与分析，不断完善之前的访谈提纲。

除此之外，为了确保所获访谈文本的全面性与典型性，我们还引入了其他相关的文本资料进行对比分析。根据现有资料，目前四川大学进行过中华优秀传统文化实践的学生社团有60多个，其丰富的中华优秀传统文化实践经验可以成为半结构化访谈的一种有效补充。因此，笔者逐一邀请相关学生社团填写自制的信息采样表，其中需要填写的内容包含中华优秀传统文化实践的具体情况、学生社团特色、实践分析、经验做法、工作反思、未来建设规划等。在此文本基础之上，我们按照访谈提纲的问题对上述信息采样表的内容进行整理和分析，及时将新收集到的信息融入研究内容之中，并通过反复对比加以检验。

在将半结构化访谈文本和信息采样表整理完毕以后，我们总共收回访谈文本 46 份，字数约为 40 万，总录音时长超过 40 小时；还收回有效信息采样表 52 份，字数约为 24 万。

第二节　中华优秀传统文化融入高校学生社团实践的问题

在整理完半结构化访谈文本与信息采集表数据以后，为了厘清高校学生社团在开展中华优秀传统文化实践的过程中存在的问题，我们对以上原始资料进行了文本分析和归纳总结，大体总结出三个方面的问题。

一、文化观与思政教育在中华优秀传统文化实践中的问题

（一）多元文化观对中华优秀传统文化形成的挑战

首先是外来文化对中华优秀传统文化造成的强大冲击。当代高校学生具有高度自觉的主体性与能动性，在多数情况下会根据自身的兴趣与需要，能动地、自发地选取不同的文化资源，由此催生出多元共生的文化心理。在全球化程度不断加深、互联网技术愈发普及的当下，现代文化、外来文化、亚文化等多元文化从不同角度对中华优秀传统文化形成了巨大的挑战。正如一位指导教师在访谈过程中指出的那样："我们研究发现，长期以来以日本文化为代表的日韩文化，还有以美国文化为代表的欧美文化，对我们中国人的文化冲击是很大的。"（F13A）现代文化、外来文化、亚文化等多元文化，或是基于自身跟青年学子在生活方式、文化心理、情感特征等方面的接近性和契合性，或是基于通俗文化产品给青年学子带来的持续性感官刺激，或是依靠西方发达国家的成熟文化产业和强大文化影响力，在不同程度上影响了当代高校学生的文化审美与性格品质。

其次是不同的人对中华优秀传统文化的认知存在差异。一是在对中华优秀传统文化的认识问题上有着显著差别。在中华优秀传统文化的内涵界定上，目前不少高校尚未形成具体明确的指导性意见或者纲领性文件，对中华优秀传统文化的定义并未被统一起来，所以有受访人在访谈过程中指出对中华优秀传统文化的定义模糊性导致了高校学生对中华优秀传统文化的理解不够准确。(F11A)这种现状显然不利于高校学生深入了解中华优秀传统文化，也不利于学生社团开展中华优秀传统文化实践。二是在对中华优秀传统文化的认识水平上有着明显差异。不同研究方向的教师之间、教师与学生之间以及不同专业、不同年级的学生之间，都存在着对中华优秀传统文化的认识水平参差不齐的情况。因此，在策划中华优秀传统文化实践的过程中，学生社团容易出现对中华优秀传统文化实践的内容深度与主题意蕴把握不准的情况，正如一位受访人所说："如果中华优秀传统文化实践的内容较为深入的话，那么对一些非本专业的学生来说，它就显得太深了，他们难以很好地消化这些内容。"(F33B)另外一位受访人指出："有些活动的题目设置偏难，给参与者造成的受挫感太强。我们其实应该通过这些活动增加学生对中华优秀传统文化的兴趣，如果既没有趣味性，也没有实用性，参与者从中收获的又多是受挫感，这种情形并不符合策划活动的最初目的。"(F07A)在中华优秀传统文化实践中，如果内容设置过深过难，既会造成学生的参与热情下降的不利情形，也会对中华优秀传统文化实践的育人成效造成消极影响。

（二）思想政治教育融入中华优秀传统文化实践过程的问题

一方面，学生对中华优秀传统文化的接受和阐释还有较大的进步空间。中华优秀传统文化在被重新书写、解释、记录的过程中，必然带有阐释者的某些印记。中华优秀传统文化在学生社团实践中被重新解释、再度唤醒，如何跟参与者之间进行有效的互动，是学生社团在开展中华优秀传统文化实践过程中必须面对的一个重要问题。有受访人认为："学生社团在弘扬中华优秀传统文化时，有时候会稍显刻意或不自然，其实……我们可以考虑用更开放的姿态来看待中华优秀传统文化的相关问题。"(F38B)如何将思想政治教育与中华优秀传统文化实践有机融合起来，让参与者自然而然地接受其中的主题内容,从而使中华优秀传统文化实践获得更好的育人成效,想必会在相当一段时间里成为学生社团努力探寻的一个关键性问题。

另一方面,思想政治教育融入中华优秀传统文化实践有时存在枯燥、刻板的问题。当前学生社团在融合思想政治教育与中华优秀传统文化实践的过程中,有时存在着内容枯燥、形式刻板的问题,这在一定程度上限制了中华优秀传统文化实践的育人成效。一位受访人说道:"我们平时接收到的有关中华优秀传统文化与思想政治教育的东西其实是不少的,但是它们相对来说可能比较枯燥、刻板,所以我们有时候会表现得不那么积极主动。"(F18B)另外一位受访人指出:"有些学生社团窄化了思想政治教育的内涵,其实思想政治教育包含了很多方面,不必总是将思想政治教育局限在马克思主义、爱国主义、红色文化等内容上,许多其他内容也可以发挥重要的思想政治教育作用,这样也有利于打开思想政治教育融入中华优秀传统文化实践中的思路。"(F11A)在思想政治教育与中华优秀传统文化实践的结合上,需要注意尺度与分寸,从而保证参与者的接受度与认可度,正如一位受访人说道:"如果强贴的话,那肯定就过了,应该用心去发掘思想政治教育与中华优秀传统文化实践相结合的可能性与现实性。"(F13A)

二、学生社团自身建设及其运行机制的问题

(一)学生社团自身建设的问题

首先是部分学生社团成员人数少、综合影响力小。通过访谈得知,尽管诸如雷雨话剧社、演讲与交际协会等少数四川大学学生社团具有较长的发展历史和数量可观的内部社团成员以及活动参与者,但是大部分涉及中华优秀传统文化的四川大学学生社团并没有成功地吸引大量学生参与,成员人数少、综合影响力小是这些社团共同存在的发展问题。有受访人指出:"部分学生社团由于本身规模较小、吸引力较弱,使得它们在招新的时候会非常困难。"(F20B)另外一位受访人指出:"这种情况导致社团成员规模逐渐缩水,甚至出现一些学生社团只有几名成员的情况,它们在换

第四章　中华优秀传统文化融入高校学生社团实践的问题及创新困境

届的时候甚至找不到可以接手的人。"(F03A)毫无疑问，内部成员数量的减少会给学生社团的发展带来重大难题。与此同时，学生社团还不能保证每次举办的中华优秀传统文化实践都会有大量参与者，正如一位受访人所言："在举办中华优秀传统文化实践时，来参加的人还是比较少的，大部分参与者其实都是我们较为熟悉的人，还有其他跟中华优秀传统文化相关的学生社团的成员前来捧场，感觉并没有吸引到足够的'新鲜血液'进来。"(F29B)而且由于学生社团成员慢慢流失，固有的活动参与者也在逐渐减少，部分中华优秀传统文化实践的参与人数较少，学生们的参与积极性并不高。除此之外，还有受访人指出："部分学生社团的综合影响力不大、所得资源较少，毕竟校内除了个别大型学生社团以外，大部分学生社团都是小型学生社团。小型学生社团没有什么实力，既拿不到钱，也请不到人，这样就陷入到一个恶性循环里。"(F19B)如果不能获得有力的政策扶持与资源支持的话，许多涉及中华优秀传统文化的学生社团的发展空间或许会被不断挤压，它们的生存状况也会变得愈发艰难。

其次是部分学生社团的专业人才较为欠缺，相关人才储备不足。学生社团开展中华优秀传统文化实践需要具备与之相关的专业知识和专业技能，然而事实上校内学生社团在专业人才方面是比较缺乏的。例如某戏剧类学生社团的受访人表示："现在社团吸引进来的人，大部分都是冲着唱旦角来的，很少有奔着老生或别的净行、生行进来的，导致社团在排练一出戏的时候可能会缺少行当……真想把一出传统戏曲表演好的话，那么生旦净丑是一个都不能少的，这样才算得上是一次真正像样的演出。"(F29B)专业人才的缺乏给学生社团打造高质量的中华优秀传统文化实践带来了困难，在此种情形下，涉中华优秀传统文化实践的学生社团可能会陷入这样的怪圈：缺少专业人才导致学生社团开展的中华优秀传统文化实践缺乏专业深度或吸引力，进而导致其影响力较小，难以收获较好的受众反响与育人成效，在客观上阻碍了学生社团招收新成员以及其他方面的发展进步。

最后是部分学生社团成员可能存在急功近利的心理，而这种心理会在一定程度上制约学生社团的长远发展。一位受访人强调，现代社会竞争压力大，难免会影响到高校学生的心态，他们在自己的价值观还未完全养成之际，有可能会对长远利益与短期利益之间的关系认识得不够清楚，相对而言更容易受到短期利益的影响。(F05A) 其中，学生干部的问题更为突出。在学生社团中，部分学生干部之所以会为学生社团付出一些努力，当然有其无私奉献的一面，这无疑是值得肯定的，然而更主要是着眼于评奖评优或职位晋升之类的个人利益，这也是无须讳言的。有受访人感慨："现在有些学生在自己有需求的时候，你会发现他们好学、勤奋、上进、热心，感觉他们特别优秀。但是如果他们发现现状跟个人规划有所出入的时候，他们可能就会完全不关心这些事情了。如果不是要评奖评优的话，他们甚至不会主动找老师沟通。"(F07A) 这种功利心理是大家都不愿意看到的，跟学生社团的创建宗旨以及中华优秀传统文化实践的价值导向不相符，应当得到及时有效的矫正与纠偏。

（二）学生社团运行机制的问题

第一，部分学生社团缺少开展中华优秀传统文化实践的活动经费。对于一些学生社团而言，在开展中华优秀传统文化实践上面临的最大问题就是缺少活动经费的问题。不仅如此，纵使目前学生社团进行中华优秀传统文化实践可以申请经费报销，但是往往需要活动组织者自掏腰包垫付活动费用。他们在经过周期较长的报销流程之后才能拿到报销金，这对于尚无经济收入的在读学生来说无疑是一种负担。这种情况导致越来越多的活动组织者无法承担和不愿意垫付活动费用，加大了学生社团开展中华优秀传统文化实践活动的困难。想要举办跟中华优秀传统文化相关的实践活动，学生社团需要在道具、宣传、奖励等方面投入较多资金，客观需要与主观现实之间的差距使得学生社团在开展中华优秀传统文化实践时不得不想方设法解决经费难题。

自从学校在 2020 年开始明令禁止学生社团私自收取会费以后，相关部门会为每个学生社团提供 1000 元活动经费，这笔经费固然可以举办一些小型传统文化实践活动，却无法满足举办大型实践活动的需求，而且活动经费的报销流程较为烦琐，报销周期也比较长，正如某学生社团负责人表示："学校报账的速度很慢，我们去年举办了一个活动，今年还没有把活动经费报下来，从提交报账申请开始到审批下来的整个流程，短则半学期或者一学期，长则一年。"（F28B）即便学校制定了资助精品活动等制度，但并不能满足大部分学生社团的现实需求。一位受访人指出："由于所在指导单位的支持，一些学生社团的活动经费可能不多，倒也勉强够用了。"（F08A）然而大部分学生社团往往处于缺少活动经费的状态，这在很大程度上限制了学生社团开展中华优秀传统文化实践，成为学生社团的一个重要发展难题。

第二，部分学生社团的运行机制存在问题。学生社团需要通过一些特定的规章制度来实现有效管理，从而规范其运营、发展与建设。然而，现存的规章制度难免存在一些不够合理的地方，例如活动审批手续需要于多个校区之间往返办理，活动经费报销流程较为烦琐且周期较长，学生社团无法在相关学生社团活动审批网站上进行一站式业务办理，而且相关网站有时会出现系统崩溃、文件丢失、信息更新不及时等情况，这些现状不利于学生社团高效长久地开展中华优秀传统文化实践。有受访人表示："相关的规章制度其实是可以进一步优化的，并不是说非要设置更多的关卡，而是应该明确各个重要环节，并且细化其责任归属，让相关负责人都知道自己的工作重心在哪里，这样可能会更好一些。"（F07A）学生社团成员还是在读学生，理应以学习作为主业，因此，有关学生社团的规章制度应该在保证合理性与规范性的基础之上尽量考虑学生的时间安排问题，不应该占用学生过多的时间与精力。假如学生社团的运行机制比较繁杂，或者存在不够便利、意义不明、交代不清等问题，势必会损伤学生的参与度与积极性，不利于学生社团的长远发展。

第三，各级主体之间的沟通缺乏顺畅的渠道。在访谈过程中，我们发现学生社团与上级管理部门之间存在着沟通不畅的问题。首先，管理部门的相关政策有时不能被及时完整地下达给学生社团，从而导致学生社团在组织中华优秀传统文化实践的工作上遇到一些困难。例如某文学类学生社团计划举办某个例行活动，却因为管理部门的统筹安排而被取消了："我们是最早举办这种联合性中华优秀传统文化周的学生社团之一，这次居然没有收到邀请。如果不是我们今年按照惯例继续申请举办这个活动，我们甚至都不知道这个活动已经被别的学生社团举办过了。"（F32B）与此同时，各级主体之间的沟通不够通畅不利于上级管理部门及时了解学生社团的需求，以及提供学生社团所需的帮助，不利于化解各级主体之间的分歧与矛盾。上级管理部门制定的相关政策和发展方向不能得到充分的贯彻落实，学生社团的合理需求也难以得到满足，其发展积极性与发展热情受挫，长此以往，对各级主体都会产生不良影响。

第四，部分指导教师指导和参与学生社团活动的频率较低。众所周知，指导教师需要为学生社团发挥引导作用，然而目前有些指导教师参加学生社团活动的频率较低，除了审核策划、签字盖章以外，他们与学生社团之间并无多少交集。有受访人表示，社团成员跟指导教师之间没有多少交流，交流基本限于签字、审核等。（F30B）这样的交流方式既不利于指导教师与学生社团之间建立良性的互动关系，也不利于学生社团打造优质的中华优秀传统文化实践活动，毕竟指导教师积极参与其中是学生社团获得良性发展的重要条件之一。

三、中华优秀传统文化实践活动过程中的问题

（一）客观环境问题

这里所说的客观环境问题主要是指新冠疫情暴发对学生社团开展中华优秀传统文化实践的负面影响。原本可以在线下正常开展的中华优秀传统文化实践，因为疫情可能被迫停办或者必须限制活动校外嘉宾人数、现场观众人数，甚至不得不改为在线上进行，而线上活动又会存在效果不佳、互动困难、热情不高等问题。正如受访人所言："疫情的反复可能会导致一些中华优秀传统文化实践活动被迫突然暂停，造成其中的某些环节的脱节，对中华优秀传统文化实践的完整性与系统性有一定影响。而且疫情导致学生无法出校，邀请校外嘉宾进校的手续又较为复杂，这给中华优秀传统文化实践活动的举办也造成了困难。此外，疫情让不同高校之间的不同学生社团的合作交流也变得不那么方便了。"（F22B）还有受访人谈道："如果中华优秀传统文化实践活动因为疫情而不得不转为在线上举办，则有可能因为操作者对设备与技术的不熟练导致在活动过程中出现黑屏、换页、消声等突发状况，影响中华优秀传统文化实践活动的正常进行。而且作为线上活动的参与者，学生可能会缺少现场感和仪式感，中华优秀传统

文化实践的质量与效果会被打折扣。"(F24B)

(二)内容深浅问题

在开展中华优秀传统文化实践的过程中,活动内容与受众预期之间出现偏差是十分正常的现象,然而假如这种偏差太过显著,尤其是活动内容的专业性远远超出了参与学生的认知水平与接受能力,那么中华优秀传统文化实践活动显然难以取得较为理想的现场反响与育人成效。一名受访人说道:"在举办中华优秀传统文化实践活动的过程中,有时候可能会出现指导教师与组织学生之间存在着认知差异以及对参与学生可以接受的中华优秀传统文化实践的内容专业性把握不够准确的情况,如果活动内容太过深入的话,可能会让一些非本专业的同学不大容易接受和消化。"(F33B)这种情形不仅会影响学生对中华优秀传统文化实践活动的参与度与满意度,也会对中华优秀传统文化实践活动的育人成效造成负面影响。

(三)主观策划问题

其一,创新中华优秀传统文化实践的活动形式较为困难。学生社团创新中华优秀传统文化实践的活动形式存在困难,目前学生社团开展的中华优秀传统文化实践形式较为单一、缺少创意性,这是本次受访的教师和学生普遍反映的一个突出问题。例如一位受访人谈道:"怎么将我们的中华优秀传统文化实践的活动选题加以适当创新,以便吸引更多的青年学生参与其中,这是我们一直在进行探讨的话题。"(F01A)还有受访人表示:"在创新中华优秀传统文化实践的活动形式时,务必要注意底线问题。学生们的想法比较单纯,一心想把这件事情做好,但是在文化的演进过程中,势必会出现多种不同的思想趋向,这就需要指导教师来加以辨别和引导了。因此,如果想要创新中华优秀传统文化实践的活动形式,不能单纯依靠学生们的兴趣爱好,还需要有指导教师进行把控,从而保证活动进程能够顺畅地推行下去。"(F08A)

一位受访人指出了采用传统活动形式的中华优秀传统文化实践的弊端:"在所有学生社团中,像那种做中华优秀传统文化讲座的传统学生社团没有什么优势,中华优秀传统文化实践讲座本身通常比较枯燥。从互动情况上来看也确实如此,现场学生的参与度并不是很高。"(F46B)另外一位受访人认为:"对知识性的中华优秀传统文化实践赋予新意是相当困难的,像汉服这种物品并不指向某种具象化的活动形式,不像戏曲协会可以让参与者聚集在一起练习、表演、讨论,也不像相声社可以进行许多演出活动,其实很难为汉服找到一个合适的外在表现形式。也许做有关汉服的学术研究与学术分享的情况会更多一些,但是做有关汉服的实践活动就比较困难了。"(F26B)

其二,组织者、参与者对中华优秀传统文化实践的积极性不是很高。中华优秀传统文化实践的组织者、参与者的积极性不高,这也是我们在调研中发现的突出问题之一。事实上,组织者的积极性不高与参与者的积极性不高,这两点会相互影响,最终导致一种恶性循环:学生社团中华优秀传统文化实践的组织者在策划筹办时不够积极主动,很可能会影响中华优秀传统文化实践的实际效果,从而损伤参与者对中华优秀传统文化实践的积极性;参与者的积极性不高,又会反过来消减组织者策划筹办中华优秀传统文化实践的积极性。一位受访人提道:"如果自己在学生社团获得提高与进步的话,同学们后期的参与积极性会降低,这会影响到学生社团的凝聚力与发展前景。"(F14A)

除此之外,学生社团举办的中华优秀传统文化实践活动中还缺乏互动与交流。对于中华优秀传统文化实践的组织者而言,如果缺乏跟指导教师、其他组织者的交流,可能会导致自身对中华优秀传统文化实践的主题内容理解不够到位,进而影响中华优秀传统文化实践的实施效果以及学生社团内部的团队氛围;对于中华优秀传统文化实践的参与者而言,如果缺乏互动与交流,可能会让他们的注意力难以始终保持在单向的知识传授上。正如一位受访人所言:"如果我们想要让学生社团真正活跃起来的话,我觉得首先需要组织团队拿出好的创意与策划。学生组织不是一两个人撑起来的,而是由一个团队构建起来的,假如没有团队的整体运作,那么一两个组织者其实很难调动足够的人手,这就需要有团队来为中华优秀传统文化实践的筹办共同出谋划策。"(F06A)在跟中华优秀传统文化实践的学生社团组织者的交流上,一位受访教师有过良好的体验,并且表示这种交流对他负责指导的中华优秀传统文化实践活动的举办大有裨益:"学生社团组织者们跑来找我聊天，讨论举办中华优秀传统文化实践的相关问题，整个过程十分顺畅。我知道他们的情况，他们知道我的情况，所以我当场就答应了他们的邀请。我觉得这种交流确实是很重要的。不知道其他指导教师是什么样的，反正我跟这个学生社团之间没有任何隔阂或者避讳，更像是朋友，而不像是师生。"（F08A）

在调研过程中，我们发现目前许多学生社团在开展中华优秀传统文化实践时采取的活动形式通常以单向的知识传播为主，缺乏互动环节和实践体验，导致参与者的积极性受损。有受访人认为："中华优秀传统文化实践的活动流程可以设计得更加丰富一些。我看过一些比较别致的知识类的分享会和讲座，这些活动不仅有传统的知识分享环节，还会有意让现场学生参与其中。总之，中华优秀传统文化实践的活动流程设计不能过于单调，应该想办法让学生更多地参与进来，而不是单纯地灌输知识，需要制造一种双向互动的景象。"（F44B）还有受访人表示："在开展中华优秀传统文化实践方面，我看到我们这个年级的一些同学在青春广场摆摊让大家涂面具、做花灯，我觉得这些都是比较好玩的活动形式。不仅同班同学可以参与，路过的学生也可以参与。虽然这些活动看起来好像略显幼稚，但是大家在玩的时候还是十分开心的，参与的学生也有很多。总的来说，中华优秀传统文化实践可以采取很多表现方式，不是只能从诗词歌赋的角度切入，我们应该想办法拓展活动形式。"（F25B）

除此以外，目前学生社团开展的部分中华优秀传统文化实践的趣味性不足，这也是制约参与积极性的突出问题之一。有受访人认为："我们不仅要有知识竞赛那种门槛较高的中华优秀传统文化实践，也应该要有那种门槛较低、趣味性高的中华优秀传统文化实践，从而让更多人参与其中。因为中华优秀传统文化实践毕竟是要面向大众的，把门槛设置得低一点，参与人数就相对多一些，而且趣味性更浓的话会减轻大家参与活动的压力。其实有些东西可以做得简单一点，不用搞得太过复杂。如果我们的目的是向大众宣传中华优秀传统文化的话，那么我觉得学生社团在策划中华优秀传统文化实践时可以稍微迎合一下大众的审美趣味。"（F44B）现在部分学生社团在开展中华优秀传统文化实践时没有很好地平衡趣味性与教育性之间的关系，在一定程度上导致了中华优秀传统文化实践缺乏吸引力、参与者积极性不高的现状。

其三，中华优秀传统文化实践的活动针对性有所不足。尽管上文提到学生社团举办的中华优秀传统文化实践的参与者积极性不高，指出中华优秀传统文化实践应该努力吸引更多人参与其中，但是我们也要看到中华优秀传统文化实践需要具有针对性，明确其受众群体，以便取得更好的育人成效。经过调研发现，现在有些学生社团在开展中华优秀传统文化实践方面存在着活动针对性不足的问题。一名受访人表示："学生社团需要保持较好的团队资质和完善的活动程序，策划的中华优秀传统文化实践应该契合预设受众的审美需求，而不是以一种较为死板的宣讲形式来进行，我觉得那样是不会成功的。我觉得举办中华优秀传统文化实践应该重点面向年轻人，尤其是在读大学生。我们举办的中华优秀传统文化实践一定要让大学生能够接受并且喜欢，同时又确保是在正确的指导思想下开展的，这样才算是一次较好的中华优秀传统文化实践。"（F13A）另外一名受访人指出："像知识分享会、知识讲座一类的中华优秀传统文化实践设置的门槛相对来说会低一些，而国学知识竞赛、诗词比赛一类的中华优秀传统文化实践设置的门槛则相对来说会高一些，其他专业的同学的参与度自然会偏低一点。因此，我觉得像知识分享会、知识讲座一类的中华优秀传统文化实践可能会对除了中文专业同学以外的其他同学的辐射性更强一些。"（F22B）即便是同一主题内容的中华优秀传统文化实践，如果采用不同的形式，那么适合的受众群体可能都是不同的。究竟是采取鉴赏式、参与式的活动形式，还是选择讲座式、比赛式的活动形式？这个问题需要组织者在策划中华优秀传统文化实践时就明确思路，围绕预设的受众群体采用更具针对性和吸引力的活动方案和活动形式。

其四，中华优秀传统文化实践的宣传方式不够新颖。当学生社团把中华优秀传统文化实践精心策划出来以后，还需要得力的活动宣传来吸引更多人参与其中。经过调研发现，现有学生社团在开展中华优秀传统文化实践方面常用的宣传方式比较单一，缺少创新性。一位受访人强调："宣传工作需要注重创新，我们对中华优秀传统文化实践的宣传方式、组织方式、参与方式都应该跟以前不一样。"（F02A）另外一位受访人提道："对于现在学生社团举办的中华优秀传统文化实践，我其实并不是很满意。事实上我们拥有许多跟中华优秀传统文化相关的学生社团,也有很好的活动品牌,但是我觉得它们的影响力还不够。"(F01A)简言之,目前学生社团在宣传中华优秀传统文化实践上需要拓展形式,也需要提高影响力。除此之外,中华优秀传统文化实践的组织者在寻求更多样的宣传渠道的时候,可能会遇到一些困难。一名受访同学表示:"之前我们社团协办过一次由多个学生社团合办的征文比赛,然而可能是因为活动本身的影响力不够大——这个活动好像是院级的,没有特别丰厚的奖励——我们虽然在青广摆摊多天,但是最终只收到了八份征文。另外一个活动则是请了校团委的老师帮忙在学校的微信公众号上进行宣传,参与其中的学生就有很多。"(F25B)另外一名受访人提道:"目前许多学生在开展中华优秀传统文化实践时,往往把宣传范围局限于某个或几个学院,其实应该拓宽中华优秀传统文化实践的宣传范围,可以考虑借助学校的媒介平台将宣传范围从学院扩大到学校。"(F50B)对于中华优秀传统文化实践的宣传工作,一位受访人强调了新媒体的传播作用:"在策划中华优秀传统文化实践的过程中,需要有新媒体的参与,视频号、公众号、短视频等多种因素都应纳入其中。"(F06A)

第三节 高校学生社团创新中华优秀传统文化实践的困境

通过对访谈文本的细致梳理,我们发现目前高校学生社团在中华优秀传统文化实践上存在三个方面的具体问题。在此基础上,如果想要进一步提升研究的推广性与实操性,需要再次回归访谈文本,对问题进行更深层次的剖析与归纳,探索问题出现的根本原因,透过这些问题看到高校学生社团创新中华优秀传统文化实践的种种困境。

一、学校物质支持力度有所不足

整体而言,这里所说的"物质支持"主要是指学校对学生社团在经费、场地、人力等物质层面的援助、供给与支撑。根据目前掌握的访谈文本，学生社团普遍反映在举办中华优秀传统文化实践方面得到的学校物质支持力度不足，这种不足主要体现在活动经费的拮据、场地平台的缺乏、专业人才的稀缺上。

尽管一小部分学生社团认为学校提供的活动经费充足，但是大部分学生社团仍然在举办相关活动时感到经费捉襟见肘。中华优秀传统文化实践往往需要较多活动经费来支撑其整个组织策划环节，而经费不足可能会直接导致活动质量下降和传播效果变差，学生社团筹办中华优秀传统文化实践的实际操作难度亦会增加。与此同时，向学校申请活动经费和报销经费的财务流程缓慢且烦琐，加剧了学生社团在获取活动经费上的困难程度，不仅会挫伤学生社团成员的工作积极性，也不利于中华优秀传统文化实践的持续开展。

英国学者露丝·陶斯（Ruth Towse）指出，一个国家对文化产业的资助存在多种形式，其最终目的在于实现所希望的福利最大化的社会目标，同时应该运用条件价值评估方法评估不同类型文化形式的收益，以便制定科学合理的文化政策。[①] 学生社团在进行中华优秀传统文化实践时，某种程度上有些近似于一种文化产业组织，其物资支持以相关管理部门的直接资助为主。就目前搜集到的问题来看，学校似乎并没有对各个学生社团进行充分调研，没有对不同类型的学生社团提出不同的发展目标、提供不同的资助政策，也没有进行科学合理的收益评估。这也是可以理解的，毕竟精细化统筹管理所有学生社团的工作量太过巨大，实际操作起来十分困难，想要改善现状还需做许多方面的工作。

除了活动经费不足以外，学生社团在开展和创新中华优秀传统文化实践时，还面临着活动场地不够、宣传平台匮乏的问题，这在相当程度上限制了中华优秀传统文化实践的规模与效果。由于学校本身的场地就是有限的，可供选用进行中华优秀传统文化实践的活动场地就更少了，因此学生社团不一定总是可以找到完全匹配中华优秀传统文化实践需求的活动场地。不仅如此，中华优秀传统文化实践的宣传平台也是有限的，而且学生

---

① 陶斯：《文化经济学》，周正兵译，东北财经大学出版社，2016年版。

社团申请使用这些宣传平台也颇为不易。活动场地不够、宣传平台匮乏的问题既影响了中华优秀传统文化实践的开展和创新,也影响了学生社团成员的工作积极性。

二、现有管理制度不易平衡多方的合理需求

经过调研发现,学生社团在中华优秀传统文化实践方面具有不尽相同的现实诉求,而现有管理制度难以很好地平衡多方的合理需求。之前已经提到,本书将与学生社团日常运转相关的主体大致分为指导者、管理者、组织者,这三方的现实需求有时会存在矛盾,而矛盾的焦点在于他们对现有管理制度的理解与态度有所差别。

正如之前所说,指导者由相关专职教师组成,参与指导学生社团的实践活动,在指导者中仅有一小部分能够参与现有管理制度的制定与修订工作,而对现有管理制度的制定与修订往往以对国家有关方针政策的解读、上级管理部门的指导以及个人的相关工作经验为基础。制定与修订现有管理制度要求参与者运用政治的、全局的、长远的眼光去审视现状,其根本目的在于确保严格有序的管理秩序、保障学生社团的健康发展。但是这部分人跟其他指导者、管理者、组织者的交流有限,对学生社团开展中华优秀传统文化实践的具体情况了解不够全面,因而他们制定与修订的现有管理制度难免存在一些问题,并不总是完全适用于当前状况。作为中华优秀传统文化实践的组织者,学生社团为了便捷高效地筹办相关活动,往往需要简洁、有效、得力的管理制度和物质支持,过多的限制与繁杂的程序会制约其积极性和能动性。指导者与组织者的着眼点和出发点虽然都是为了学生社团更好地开展中华优秀传统文化实践,但是难免存在不同之处,故而容易出现矛盾。而管理者位于指导者与组织者两者之间,指导者与组织者之间的矛盾会增添管理者的工作难度与工作强度,所以管理者更加希望管理制度能够在保证有效管理学生社团的前提下尽可能简化。综上所述,指导者、管理者、组织者从各自的立场出发,对现有管理制度有着不同的理解,存在着明显的分歧与差异。例如指导者、管理者、组织者在活动经费报销流程的问题上有着不同看法,指导者认为学生社团申报活动经费的报销流程需要统一合规的管理与整合,也需要谨慎严格的审核制度,但是

组织者却往往认为活动经费报销流程过于烦琐，限制了学生社团中华优秀传统文化实践的进度，而管理者通常希望找到一个折中的办法，缓和指导者与组织者之间的这种分歧。

多方主体的现实需求在通常情况下都颇能代表其立场合理性，而它们之间适当的不平衡其实也是合理的，但是如果这种不平衡过于严重，则不利于多方主体之间的协同合作与长远发展。如果过于强调指导者的需求，则不利于有效传达管理者的相关政策，也不利于调动组织者的积极性；如果组织者的合理需求得不到满足，则会从根本上影响中华优秀传统文化实践的质量与数量；如果不能兼顾管理者的诉求，则会影响学生社团的内部管理与工作质量，也会影响中华优秀传统文化实践的持续开展和不断创新。因此，多方主体应该加强沟通与协商，积极换位思考，尽可能化解或避免潜在的各种矛盾。

三、学生干部培养体系不够完备

举办优质的中华优秀传统文化实践并且不断获得创新性发展，对学生社团的执行专业度与学科专业度提出了较高的要求与较大的挑战。就目前掌握的资料来看，学生社团在这方面普遍存在较大的提升空间，与之相关的学生干部培养体系不够完备。

学生社团的换届制度和年审制度是长期存在的基本管理制度，同时也会定期修订与改进其他方面的管理制度内容，这些管理制度维系着学生社团的日常运转和评价体系，是学生社团必须了解和掌握的基本情况。然而现实情况却不容乐观，目前常见的情形是在学生社团中仅有少数成员具有较长时间的工作经历和与之相关的组织经验，更有学生社团内部无人知晓相关管理制度的现象，甚至部分学生社团的管理者对此亦是一知半解。究其原因，还是在于学校没有建立起长足有效且完善的学生干部培养体系，导致负责学生社团的学生干部未能组建起专业的组织运营体系，他们对相关管理制度与中华优秀传统文化的了解程度也不够深。

除此之外，学生社团成员的相关专业知识储备跟中华优秀传统文化实践的活动质量之间有着紧密关系。作为趣缘群体，并非所有学生社团成员都有深厚的中华优秀传统文化知识，而且让他们暂时放下学业全身心投入其中也是不科学、不现实的。相关专业知识储备不足的问题会直接影响到中华优秀传统文化实践的活动质量和最终效果，导致承办这些活动的学生社团很难收获参与者的广泛好评与积极反馈，打击他们的工作热情，也不利于中华优秀传统文化实践的创新。

四、情感连接在学生社团中有所欠缺

在学生社团筹办中华优秀传统文化实践的过程中，情感连接的缺失首先体现在学生社团内部氛围上。在学习压力加剧、逐渐内卷的大环境下，部分学生社团及其学生干部的功利化倾向日渐明显，使得他们在策划中华优秀传统文化实践时更多地考虑到自身利益，此种情形在一定程度上约束了中华优秀传统文化实践的发展与创新。一方面，学生干部利用其在学生社团内部的话语权对中华优秀传统文化实践的主题内容进行筛选，使得最终举办的中华优秀传统文化实践能够对其有利；另一方面，功利心理不利于营造学生社团内部的和谐氛围，可能会引起学生社团成员的对抗情绪、抵触心理，出现划水推诿等负面现象。

情感连接在学生社团筹办中华优秀传统文化实践过程中的缺失，还体现在指导教师与学生社团之间的联系减少、关系减弱、依赖消退上，事实上师生之间情感是否紧密，会直接影响到中华优秀传统文化实践的活动质量。对于学生社团来说，指导教师是极为宝贵的人力资源，应该好好运用。如果师生之间缺乏情感联系的话，可能会导致指导教师与学生社团之间长期交流甚少，使得学生社团在中华优秀传统文化实践上得不到专业的建议与指导，从而降低中华优秀传统文化实践的质量水平。

五、学生社团本身存在创新瓶颈

从目前学生社团的实际情况来看，它们对中华优秀传统文化实践进行创新本就存在一些瓶颈，这首先体现在活动选题与活动策划上。学生社团在选取中华优秀传统文化实践的主题内容时，视野范围较为局限，活动类型变化较少，往往会选择一个较大切入点，并不对之进行深入研究与阐发。这就导致对中华优秀传统文化实践的主题内容的理解往往停留在表面，鲜有真正深入了解其精神内核的学生社团。这使得目前学生社团开展

的中华优秀传统文化实践虽然为数不少，却往往缺乏创造力与创新性。在活动形式上，学生社团策划的中华优秀传统文化实践大多采用讲座、读书会等以老师、嘉宾为主要文化知识传播者的单向传播形式，忽略了人际传播可以在其中起到的作用，没有引发较大规模的人际互动现象，这使得中华优秀传统文化实践的实际效果不甚理想。此外，开展中华优秀传统文化实践的场地往往是在室内，不能很好地结合具体的中华优秀传统文化元素选取合适的活动地点。总体来说，目前学生社团的中华优秀传统文化实践往往表现出程式化、刻板化、同质化的弊病，其各个环节都显露出创造力不足的问题。

学生社团在开展中华优秀传统文化实践上存在创新瓶颈的原因是较为复杂的。首先，学生社团开展实践的实施主体是在读学生，但并非所有学生都具有跟中华优秀传统文化相关的学科背景，所以他们在选择中华优秀传统文化实践的主题内容上，往往呈现出较为鲜明的趣味取向，对中华优秀传统文化本身的理解并不深入，从而导致他们难以对传统文化实践进行创新。况且学生们对创新本身的认识也有差异，诸如到底是对活动主旨进行升级，还是对活动环节进行改良，学生社团内部的意见并不统一。许多学生社团成员认为创新中华优秀传统文化实践需要对之做出较大变动，但是事实表明细节上的改变与革新同样可以带来学生参与中华优秀传统文化实践的体验感的显著提升，而这一点比较容易被学生社团成员忽略。其次，受制于校园的基础设施、管理要求以及学生本身的学业负担等因素，学生社团对中华优秀传统文化实践进行创新的可用资源较少、物质条件不足、时间成本较高，况且即便付出巨大努力去进行这方面尝试，也有可能不会收获理想效果，这也影响了他们进行中华优秀传统文化实践创新的积极性与主动性。再次，一些学生社团习惯于按部就班，部分中华优秀传统文化实践经过摸索已经成为一种惯例，拥有一套较为成熟详细的活动流程，学生社团成员可能就会选择延续之前的做法，不会选择结合实际情况进行及时更新，导致中华优秀传统文化实践缺乏创新元素。最后，学生社团缺乏中华优秀传统文化实践的创新意识，也跟缺少相关专业教师的指导与建议有关，创新中华优秀传统文化实践不能只靠学生的知识储备与思维方式，更需要相关专业教师指点迷津、点明方向。质言之，多种因素导致学生社团的中华优秀传统文化实践创新存在瓶颈，影响了中华优秀传统文化实践的活动效果与育人成效。

六、教育性与趣味性的双重取向难以兼顾

在策划与实施中华优秀传统文化实践时，通常可以想办法将教育性与趣味性有机结合起来。教育性是衡量一次中华优秀传统文化实践对参与者的知识水平与综合修养的提升程度的一种评价标准。教育性越高，参与者能够获得的知识越集中，思想范围越容易得到拓展。趣味性是指中华优秀传统文化实践的主题内容及其呈现方式具有吸引受众的特质，是衡量实践活动能否满足受众心理需求的一种评价标准。一般来说，趣味性越高，活动过程会令人感到越放松、越快乐，从而令人产生更加强烈的参与意愿。理想的中华优秀传统文化实践应该兼顾教育性与趣味性，然而目前学生社团开展的中华优秀传统文化实践呈现出教育性与趣味性相互对立的特点，学生社团在举办中华优秀传统文化实践活动的过程中有时会陷入一种在教育性与趣味性中难以兼顾、难以取舍的困局。

由于学生社团的建设宗旨是落实立德树人根本任务，加上中华优秀传统文化具有以文育人的教化功能，所以中华优秀传统文化实践本身就带有一定教育性。一些中华优秀传统文化实践的主要着眼点是帮助参与者提升自己，为了实现这个目的，经常会采取较为简单、缺乏趣味的形式，例如知识类的讲座与分享会等。但是学生社团开展的中华优秀传统文化实践终究还是要以兴趣为导向，所以在其中融入一些娱乐元素和趣味元素来引导参与者以放松身心、习得知识，也是一种合理的选择。为了实现这个目的，学生社团往往选择开展体验类的中华优秀传统文化实践，让参与者获得更好的体验感。

毫无疑问，以上两种不同的效果取向都有其合理性，学生社团在筹办中华优秀传统文化实践时应该设法兼顾教育性与趣味性。但是根据目前掌握的访谈文本来看，许多学生社团在开展中华优秀传统文化实践时做到兼顾教育性与趣味性的双重取向，它们在其中往往呈现出矛盾对立的特征。例如一些中华优秀传统文化实践对教育性的主题内容表现得过于严肃正式，导致活动现场显得枯燥乏味；一些中华优秀传统文化实践则过于趣味

性，导致整个活动流于形式、缺少实质内容。想要做到兼顾教育性与趣味性的关键在于了解中华优秀传统文化的性质与特征，例如严肃的主题内容应该以教育性取向为主，可以在其中适当插入具有趣味性的环节来丰富其活动形式；通俗的主题内容则可以设置具有教育性的活动环节，使参与者在现场互动中获得自我提升。也就是说，学生社团在举办中华优秀传统文化实践活动的过程中，应该努力做到兼顾教育性与趣味性，使中华优秀传统文化实践不断发展与创新。

第五章　创新中华优秀传统文化实践的可行性路径

在前文中,我们通过对访谈文本和社团信息采样表进行总结与分析,指出了中华优秀传统文化融入高校学生社团实践的问题以及高校学生社团创新中华优秀传统文化实践的困境。为了更加深入、更加全面地了解高校学生社团在开展中华优秀传统文化实践方面的一般规律,我们运用扎根理论对98份原始文本进行了剖析。经过多级编码,总共得到了40个初始范畴、11个主范畴、2个核心范畴,从中提炼出高校学生社团开展中华优秀传统文化实践的影响因素及其作用机理模型。在此基础之上,我们结合四川大学学生社团开展中华优秀传统文化实践的实际情况,探索学生社团创新中华优秀传统文化实践的可行性路径。

第一节　运用扎根理论进行相关数据分析

扎根理论由巴尼·格拉泽(Barney Glaser)、安塞尔姆·斯特劳斯(Anselm Strauss)提出,是一种比较有效的质性研究方法。在研究思路设计和资料收集方式上,扎根理论主要采用定性的分析手段,但是在资料分析过程中又采用量化分析手段,能够同时吸收定性研究与定量方法的优点,还可以在一定程度上弥补两种方法的不足。扎根理论在研究之初没有先验性的结论和假设,强调从原始资料中寻找反映社会现象的核心概念,通过资料对比和多向编码,根据这些核心概念之间存在的联系,建立介于宏大理论和微观操作之间的实质理论(即适用于特定时空的理论),但是也不排斥对普适性形式理论的构建。扎根理论需要深入研究情景、广泛收集数据，通过数据对比以及抽象化、概念化的分析，从中提炼出相应的概念和范畴，并且在此基础之上进行理论建构，所以扎根理论是以数据资料的收集与分析为核心、重在建立实质理论的一种研究方法。巴尼·格拉泽认为数据包含的内容是十分广泛的，数据可以来源于访谈和观察，也可以来源于政府文件、新闻报道、学术著作等可以为研究提供线索的材料。

在具体操作上，扎根理论一般由三个步骤组成，包括开放性编码、主轴性编码和选择性编码。开放性编码要求研究者持有一种开放的心态，尽量悬置个人的偏见和学术界的结论，将收集到的资料与数据打散、分解，并且赋予概念。开放性编码以新方式重新组合资料与数据，是一个不断对比资料、数据以及新概念进而形成新范畴的操作过程。主轴性编码要求研究者从资料与数据中提炼出主范畴，显示不同的资料与数据之间的逻辑关联。选择性编码是指由研究者从已经发现的概念类属中找到具有统领性的核心类属，建立概念的逻辑框架，并且将研究结果不断聚集于此一框架之内，同时运用其他资料不断对之进行检验。

在回顾扎根理论这一套方法以后，接下来将运用扎根理论对所获原始资料进行总结与分析。

一、开放性编码

开放性编码是扎根理论研究中的一级编码，需要对原始资料逐句进行编码和分析。为了减少主观偏见以及编码误差，我们尽量使用受访人的原话和访谈文本中的内容，将之作为提炼初始概念的一手材料。由于本书的研究目的是分析高校学生社团中华优秀传统文化实践的影响因素和作用机制，进而探索创新中华优秀传统文化实践的可行性路径，所以我们在反复细读访谈文本以后，剔除了跟本书主题无关的内容，然后对20份访谈记录、20份信息采样表进行逐句编码。由于初始概念及其相关表述较为复杂，我们对一些存在交集的初始概念进行了归类与划分，同时排除了出现频率低于3次的初始概念以及存在逻辑问题的初始概念。通过对开放性编码进行多次对比、分析和整理之后，我们获得了40个出现频率较高的初始范畴。与此同时，我们为每个初始范畴选取了2条具有代表性和典型性的访谈文本语句，具体情况见表5-1。

表 5-1 开放性编码结果

编号	初始范畴	原始记录
1	政策制定	他们内部制定任何政策，都会触及一些社团、一些人的生存环境吧。 今年不是又加了一个附属条件，每个人只能加入两个社团吗？
2	社团自主性	老师让我们怎么做，我们就按照他的想法去做，我们做的这些事情，其实不全是出自我们的本意。 比如唱戏的选段，可能会有一些我们已经选好的选段，其中的部分内容不太符合整个活动的氛围，就会被要求进行修改。
3	评价机制	不能以社团人数的多少来评价一个社团的好坏，有的社团就是涉及面比较小，感兴趣的人也比较少。 在"五四评比"中也好，或者是在其他评优评奖中也好，我们都在提倡中华优秀传统文化，所以我们才会在"五四评比"中说要给这一项专门加分。
4	管理流程	当然我也希望能够在社团管理方面给学生社团提供更多的方便，比如说现在的审批手续就比较复杂。 当然许多规定都是合理的，还可以进行补充和优化，并不是说要设置更多的关卡。
5	上下沟通	老师要从学校、学院、活动的开展情况来考虑问题，所以对于老师提出的建议，我们也不是完全不采纳，而是更多地进行平衡。 学生在邀请老师办讲座的时候，需要告诉老师活动所需的形式，如果老师给出的题目非常专业的话，那么学生可以咨询一下老师的意思，试试能否把讲座题目弄得稍微简单一些。
6	内容审核	毕竟是在这个大学里面嘛，所以在说相声的时候，肯定有一些需要注意的东西，不能说一些涉及"三俗"的内容。 你有时候需要鉴别，要就事论事、因事而论，也不能因噎废食。
7	经费保障	现在大量社团都是拿点经费来凑够八次活动就行了，只要把账报了就可以了，甚至有些社团负责人还不知道有两千多块钱的社团活动经费。 最主要的问题就是经费。

续表5－1

编号	初始范畴	原始记录
8	场地保障	比如说像雷雨话剧社演出的话剧，基本上每场观众都是坐满了的，但是受场地的限制，一场演出最多坐200多人。 而且有时候我们刚刚提出来要借用青广的场地，学校就出了一个通知说不能再申请青广的场地了；我们刚刚提出来要搞一个路演，学校又出了一个通知说不能搞路演了。
9	师生交往	如果你们比较喜欢一个老师，对于老师来说，我觉得这就是最好的师生关系了。 学生社团组织者们跑来找我聊天，讨论举办中华优秀传统文化实践的相关问题，整个过程十分顺畅。我知道他们的情况，他们知道我的情况，所以我当场就答应了他们的邀请。我觉得这种交流确实是很重要的。
10	教师考评	2019年学校进行学生社团改革，制定了指导老师考核办法，规定了指导老师的职责，给指导老师算工作量，还有专门的年终考核评优机制，这些在教师的职称晋升和评奖评优中都会有所体现。 大部分比较活跃和发展势头好的学生社团的指导老师都是比较负责的，如果有在相关工作上做得不够好的指导老师，可以由指导单位和学生社团商量是否更换现有的指导老师，目前的激励政策也算是比较完善了。
11	教师参与	我们跟指导老师之间其实没有太多的交流，我们的交流主要限于社团联要我们填表了，然后我们就去找指导老师签字；或者我们要办活动了，然后我们就去找指导老师审核。 希望指导老师可以直接参与到我们的活动中来。
12	干部制度建设	如果想要消除这种功利性心理，学校需要调整针对社长以及学生干部的相关管理政策。 需要有面向团队的考评机制，尤其是针对团队负责人的考评机制，许多团队之所以抓不起来，主要就是因为它们的负责人不顶事。

续表 5-1

编号	初始范畴	原始记录
13	干部素质	如果想让社团的学生干部做点事情，他们就会拿出自己的道理，这个道理十分简单，直言不讳，根本不加掩饰，那就是对他们是否有益，这是十分功利的。 或许是跟当今时代的整体氛围有关，越来越内卷的社会间接影响了高校学生的心态，在价值观还未定型之前，学生有时会分不清长远利益与短期利益之间的关系，容易受到短期利益的诱导。
14	留存度	每个社团都招了不少人，但是等到后来就慢慢流失掉了。 我们社团的干事特别少，每一次社团招新时，我们都需要花费很多心思去拉人，好不容易挑出几个比较合适的新人，还要劝说他们来当我们社团的干事。在社团传承的问题上，我们目前确实比较吃力。
15	活跃度	一定要把社团成员大会开了，从而让每个人有一种参与感。 我们每一次专场都有六个节目，能够凑齐人数把这六个节目都排上就谢天谢地了，所以也不会有淘汰节目的念头。
16	成员规模	学校现在精简了许多社团，剩下的一些社团确实有点惨不忍睹，一个社团只有一两个人、两三个人的情况也是存在的。 我觉得社团缺少演员，好的演员更是不多。
17	社团定位	每一个社团都有自己的定位，所以它们在举办中华优秀传统文化实践时，可能会有不同的重心。 我能够深切地感到其实每个社团的中华优秀传统文化实践都是有特色的，让我学到了很多东西，我觉得这些活动的首要目的应该就是吸引大家关注中华优秀传统文化。
18	内部氛围	川大的一些学生社团，尤其是像文化艺术类的学生社团，感觉像是一盘散沙。 我觉得问题还是出在缺少沟通上，再加上去年基本都是线上交流，对于很多事情大家并没有坐下来一起深入交流，由此可能产生了一些误解。
19	传承发展	惯例肯定是需要被保留下来的。假如你是一位新上任的社长，你可以从惯例中学到很多东西。 基本上都是上一届带下一届，下一届再带下下一届，社团传统就是这样一届传帮带下一届。

续表5－1

编号	初始范畴	原始记录
20	校外合作	这些活动是很少的，因为花费较高，比如我们到外边去看一场舞台剧演出，所需费用是很高的。 下学期，有可能会引入川剧的变脸，还有一些其他活动，例如非遗进课堂、高雅艺术进课堂等。
21	校内合作	校团委将组织大家打造长期的品牌活动，将以前单个的社团活动，重新包装、组织以后，在学校平台上开展相关活动。 我们作为一个牵线搭桥的社团，想办法把那些跟中华优秀传统文化实践相关的社团联合起来，花费整整一周的时间，举办了这次的活动。
22	受众契合	老师和社团希望所有参加活动的学生都能够理解他们举办中华优秀传统文化实践的实际意义。 我们的思维总是局限在学校层面，事实上，我们应该去分析中华优秀传统文化实践的受众群体。
23	接触成本	学生的经济条件会在很大程度上决定他的艺术欣赏诉求。 我们用社团的建设经费邀请专家来参加活动，专家基本上不会带着自己的团队过来，如果带团队的话会产生更高的费用，没有专项经费支持基本不现实。
24	内容选择	道德层面有诚信、仁义、礼让等，这些品质对于我们为人处世是很有帮助的，肯定需要继承与发扬。 随着年龄的不断增长，你或许会越来越能够感受到许多比较深奥的东西，例如茶道、诗歌等，其实跟大家接触的机会是比较多的，也是比较容易融入大家生活之中的。
25	主体联合	因为有些社团是规模较大的主体，所以它们能够找到的资源就比我们这些社团自己能够找到的资源要强得多。 其实这个游园活动，就是校社联组织的一个大型活动。
26	时空条件	如果社团要开展中华优秀传统文化实践，那么我们需要有合适的空间去展示。比如在一些特殊的传统节日里，我们可以到校外去开展中华优秀传统文化实践。 我们需要调配好课程和生活所需的时间，同时学校和学院应该根据学生的排课情况，合理安排中华优秀传统文化实践的活动时间。

续表 5-1

编号	初始范畴	原始记录
27	流程设计	我现在感觉其实对中华优秀传统文化实践的阐释、讲解、体验不太充分，导致学生觉得中华优秀传统文化实践的有些东西是植入的，显得很生硬。 我觉得中华优秀传统文化实践的活动流程可以设计得更丰富一些，我看过一些知识类的分享会、讲座等，这些活动不仅仅是做一个传统意义上的知识分享或知识讲授，还可以让同学们参与其中。
28	专业指导	为什么不能有专业老师进行指导，让中华优秀传统文化实践出去大放异彩呢？ 社团如果没有专业老师的指导，就很难有好的中华优秀传统文化实践。
29	活动连续性	社团应该开展更多的培训活动，普及中华优秀传统文化，注意中华优秀传统文化实践的连贯性。 社团要举办多次、一系列的中华优秀传统文化实践，展示不同类型的中华优秀传统文化，呈现出中华优秀传统文化的繁复性与多元性。
30	宣传材料	可能是我们海报设计得比较好吧，因为我们有一个专门的相关部门，那里有许多厉害的画手，每年他们设计的海报都让人感到十分惊艳。 我们做的这个海报，包括我们做的这个传单，跟整个活动的宣传品的风格都很匹配。
31	推广策略	四川大学完全有能力做到，但是现在没有做到在中华优秀传统文化实践上形成品牌效应。 在宣传中华优秀传统文化实践的时候，可以考虑以学校为推广平台，将传播范围扩大到全校。
32	推广渠道	我们有一个群聊，他们在制作完成海报以后，会提前多天把海报发出来，老师也会在自己的微博圈里宣传。 跟这次活动相关的宣传很少，这是一个系列活动，在宣传上却只是看到在青广上摆了一个背喷，我并不知道下面还有什么活动。
33	宣传人才	我们的宣传经验其实主要源于所在协会举办的一些活动，我们协会还不是那种能够招到很多人的学生组织。 具有宣传经验的同学不足，如果主要由我一个人来进行活动宣传的话，传播范围一定是有限的。

续表5—1

编号	初始范畴	原始记录
34	形式简约	应该以简约雅致的形式呈现中华优秀传统文化，同时又确保不失其韵味。 应该举办更多简易的、在青广就能参加的中华优秀传统文化实践。
35	新媒体转化	看看是否试试结合一些新内容、新形式，将中华优秀传统文化与新媒体技术融合起来做一些活动。 在后疫情时代里，社团得想办法多提供一些数字内容、多组织一些线上活动。
36	创新呈现	那些东西直到现在都是十分优秀的、十分宝贵的，是国家级非物质文化遗产，这次活动运用了很好的形式，中华优秀传统文化实践需要有创新的活动形式。 现在我们开展中华优秀传统文化实践的形式过于局限了，大多数只有唱歌、跳舞、演奏乐器这些常见的表演形式。
37	体验方式	应该从大课转换成小课，让更多的同学参与其中，比如说绘画活动就让大家都能画上几笔，演唱活动就让大家能唱上几句，乐器活动就让大家都能表演几下，这种活动强调的是参与，而不是鉴赏。 这些同学被带到乡下或者红色文化遗迹，去参观、体验、去感受中华优秀传统文化。
38	知识距离	有时候我们想把中华优秀传统文化实践往高端上推，就达到了一种冷门的程度。 我们团队里有一个十分专业的老师，他是中央戏剧学院导演系毕业的，对舞台非常熟悉，但是我们就完全不是这样了。
39	人物号召	我们举办过的一次活动吸引了校内外许多师生参与，当时我们邀请了一个博士、两个老师，将这个讲座变成了一个对谈性质的活动。 其实有些老师的个人魅力是比较强的，确实能够吸引比较多的同学慕名而来参加活动。
40	内容供给	对于中华优秀传统文化，其实我们既要看到作为大传统的政治文化，也要看到作为小传统的民间文化。 应该引导不同学生群体一起去感受中华优秀传统文化，例如在春节里，汉族学生和少数民族学生都可以参与相关活动。

二、主轴性编码

主轴性编码是扎根理论研究中的第二级编码,通过对开放性编码进行聚类分析,探索这些范畴之间的逻辑联系,从而归纳出更具概括性和综合性的抽象编码。根据对访谈文本以及相关资料的分析,本书探索了上述40个初始范畴在概念层面上的因果关联和逻辑次序,并且对之进行归纳和分类,最终得到11个主范畴,具体情况见表5-2。

表5-2 主轴性编码结果

主范畴	对应范畴	概念
行政管理	政策制定	政策制定不全面、一刀切管理、小社团发展空间受限
	社团自主性	活动被过分干预、不让收社费、社团经费紧张
	评价机制	运用评奖评优机制鼓励、评价标准失之偏颇
	管理流程	责任分工、审批流程复杂、流程设置合理
	上下沟通	老师与学校缺乏联系
	内容审核	新媒体账号审核、先审后发
物质资源	经费保障	经费利用不充分、经费充足、支持各种活动、活动经费少、不让收社费、社团经费紧张、报账困难
	场地保障	借不到理想场地、场地申请困难
教师指导	师生交往	师生情感联系、师生沟通交流
	教师考评	完善的指导教师考评机制
	教师参与	指导教师参与社团活动频率低
人才储备	干部制度建设	选拔机制、退出机制、干部换届
	干部素质	任职动机、工作态度、工作能力
	留存度	会员流失、换届选拔对象少、换届留存率低
	活跃度	隐性流失、活跃度不够高
	成员规模	人手不足、个人参与社团数量上限太低

续表5-2

主范畴	对应范畴	概念
组织建设	社团定位	特点不显著、社团同质化、打造社团特色、打造精品社团
	内部氛围	社团是一盘散沙、社团内部缺乏活力、人员交流不够、学生干部内讧
	传承发展	重视社团传承、需要发展时间、举办常驻活动
对外联络	校外合作	校外合作、邀请中华优秀传统文化专家、非遗入校园
	校内合作	社团和学校联合出品优质活动、社团之间交流不畅
文化选择	受众契合	受众需求契合、参与兴趣
	接触成本	知识成本、经济成本
	内容选择	内容选择、主体需要
策划水平	主体联合	与上级主体联合、社团间之缺乏好的联合、合作校外文化团体
	时空条件	选择合适时机、校外开展活动、发展假期活动
	流程设计	完善的活动程序、流程设计整体性、丰富流程设计
	设置专业度	策划是否具有专业度、现场控场能力
	活动连续性	活动连续性、是否为连贯的活动
推广能力	宣传材料	海报设计、宣传文案
	推广策略	针对受众制定推广策略、预热推广、形成文化品牌效应
	推广渠道	新媒体转化与运用、摆摊宣传效果好
	宣传人才	有宣传经验的同学不足
文化呈现	形式简约	形式简约
	新媒体转化	新媒体转化、矩阵宣传
	创新呈现	相似度高缺乏创新、思政教育形式狭隘,丰富中华优秀传统文化创新实践形式、创新难度较高

续表 5－2

主范畴	对应范畴	概念
文化体验	体验方式	趣味文化体验、激发创作热情、参与式体验
	知识距离	内容深度、熟悉程度
	人物号召	热衷于名人、嘉宾号召力，发挥学生自身特点
	内容供给	文化融合创新、中华优秀传统文化现代诠释、中华优秀传统文化丰富内涵

通过深入观察和比较主范畴之间的逻辑联系，发现可以在以上主范畴中进一步归纳出两个核心范畴——学生社团发展、中华优秀传统文化实践，除此之外，还有行政管理、物质资源两个主范畴独立于上述两个核心范畴之外，也产生了重要影响，具体情况见表 5－3。

表 5－3 核心范畴示意

学生社团发展	教师指导
	人才储备
	组织建设
	对外联络
中华优秀传统文化实践	文化选择
	策划水平
	推广能力
	文化呈现
	文化体验
独立主范畴	行政管理
	物质资源

三、选择性编码

选择性编码是扎根理论研究中的第三级编码，旨在探索影响高校学生社团开展中华优秀传统文化实践的关键性因素及这些因素之间存在的逻辑关系结构，首先了解影响学生社团开展中华优秀传统文化实践的主客观因素，其次认识这些影响因素之间的内在联系，最后探讨所有影响因素对中华优秀传统文化实践的作用路径。质言之，本书将研究的核心问题确定为高校学生社团开展中华优秀传统文化实践的影响因素及其作用机理，尝试构建起一个解析中华优秀传统文化实践开展过程的理论构架，即一个指向明确的概念模型，具体模型如图5-1所示。

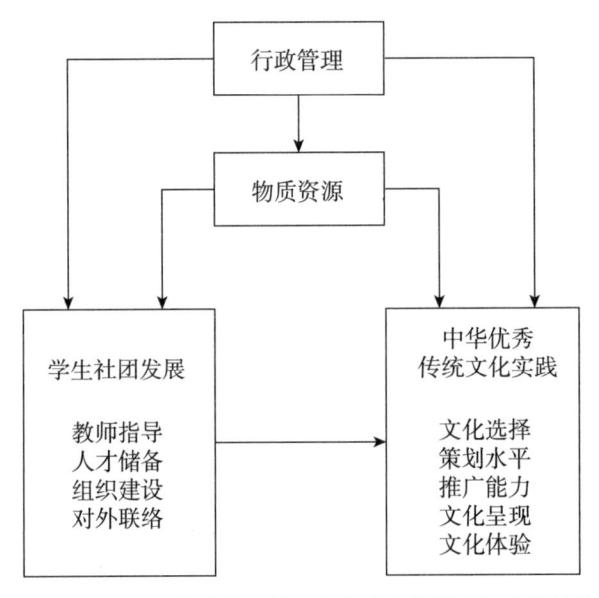

图5-1 高校学生社团开展中华优秀传统文化实践的影响因素及其作用机理模型

这一概念模型内部呈现出的主要概念关系可以概括为：其一，影响高校学生社团开展中华优秀传统文化实践的因素有很多，而且这些因素之间存在着较为复杂、相互影响的关系。其二，行政管理规定会直接影响学生社团的物质资源供给。其三，行政管理和物质资源是影响学生社团发展和中华优秀传统文化实践的外部客观条件，两者分别对学生社团发展和中华优秀传统文化实践产生重要影响。其四，在学生社团发展的过程中，存在教师指导、人才储备、组织建设和对外联络四项主要影响因素，它们是学生社团发展的内部情景条件，直接作用于学生社团发展；而学生社团发展的水平又同时作为一个整体影响因素作用于中华优秀传统文化实践开展的质量水平。其五，在中华优秀传统文化实践策划与开展的过程中，存在文化选择、策划水平、推广特征、文化呈现以及文化体验五项主要影响因素，它们是中华优秀传统文化实践的内部情景条件，直接作用于中华优秀传统文化实践，而中华优秀传统文化实践又受到学生社团发展、行政管理和物质资源等因素的深度影响。

四、变量之间的内在关联

为了检验概念模型的饱和度，本书在未被选取的另外26份访谈文本和32份信息收集表中，按照相同方法再次抽取了10份访谈文本（涉及5名指导者、2名管理者、3名组织者）和10份信息采样表，并且进行开放性编码、主轴性编码和选择性编码。结果显示，出现频率超过3次的概念范畴都已被上述图表涵盖，而且相关概念类属之间没有出现新的逻辑关联或者因果关系。从这个层面来看，上述概念模型中的范畴较为丰富，而且上述概念模型已经达到理论饱和，拥有较高的可信度。在完成对以上概念模型的理论饱和度检验以后，接下来将着重阐释变量之间的内在关联。

（一）行政管理与物质资源

高校行政管理制度是高校运作的重要辅助系统，为高校优化教学科研、培养人才和服务社会等职能起着重要的保障和支持作用。本书所说的"行政管理"包含政策制定、评级机制、管理流程、内容审核、上下沟通等多个方面，它是影响学生社团开展中华优秀传统文化实践的基本因素。物质资源主要是指活动经费的支持以及场地平台的提供，会直接影响中华优秀传统文化实践的质量水平。值得注意的是，行政管理作为种种变量中的上层建筑，在相当程度上影响着物质资源此一变量。例如政策制定会决定活动经费保障额度和平台场地申请流程，管理流程会决定物质资源的到位速度，管理制度会决定学生社团的中华优秀传统文化实践是否可以获得具体的物质资源支持。

作为相对独立的变量，行政管理与物质资源没有被归入其他核心范畴，但是它们对学生社团发展和中华优秀传统文化实践具有整体性影响。应构建科学合理的高校行政管理制度和物质资源配置机制，注意有效利用已有资源，有利于优化和整合各类资源，减少开展中华优秀传统文化实践的制度性阻碍。

行政管理对学生社团发展的主要影响在于决定学生社团能否发展、怎样发展，直接限定了学生社团的教师指导要求、人才储备来源、组织建设目标和对外联络，为学生社团发展指明了方向。指导教师往往需要参照行政管理要求开展指导工作，与学生积极沟通，并且参与指导工作考评；学生社团的成员规模、干部任免、人才培育，都得受到行政管理制度的约束；学生社团的组织建设更是需要遵照行政管理制度的相关要求，不能出现无视规定擅自行动的情况；在需要进行对外联络的时候，学生社团不能逾越行政管理制度制定的红线，否则将会受到严厉惩罚。以行政管理制度建设为抓手，是目前高校学生社团建设的必要手段，行政管理本身也就成为学生社团发展过程中的关键性因素。

相比行政管理而言，物质资源则主要影响学生社团发展的质量水平。活动经费作为物质资源中最重要的一个部分，决定了学生社团对外联络的数量与程度，也为学生社团开展中华优秀传统文化实践提供了基本保障。物质资源不足可能会使教师的指导效果大打折扣、学生的才干能力施展不开，从而导致学生社团无法在中华优秀传统文化实践中达到预期效果。相对于活动经费而言，活动场地和活动平台对学生社团发展的影响要弱一点，然而它们也是让学生社团获得发展的有力保障，绝不能低估它们的现实作用。

跟学生社团发展的情形类似，行政管理制度与物质资源对中华优秀传统文化实践也存在着显著影响。其中，行政管理制度主要是对中华优秀传统文化实践的主题内容进行筛选，对策划、宣传以及中华优秀传统文化的呈现形式进行把关，过于冗杂的行政管理环节可能会对参与者的活动体验造成不良影响。物质资源决定了学生社团能够以什么样的经费预算和活动场地进行中华优秀传统文化实践，也决定了学生社团开展中华优秀传统文化实践的策划流程、推广方式、呈现内容，还会影响参与者对中华优秀传统文化实践的现场体验。这一点在前文已经详细论述过了，这里不再赘述。

（二）学生社团发展

影响学生社团发展的主要因素由教师指导、人才储备、组织建设、对外联络四个方面组成，它们是学生社团发展的内部情景条件，决定了中华优秀传统文化实践举办主体的起点与高度。这四个方面的影响因素相对独立，共同构成学生社团发展这一核心范畴。

教师指导和人才储备都是学生社团发展中有关人的因素，对学生社团发展有着重要作用。人才储备主要包含学生社团的学生干部任用选拔制度、学生干部素质、成员规模及其活跃度等因素，是学生社团能够成立的基本条件。其中，成员是学生社团规模和影响力的基础条件，成员的数量和积极性直接彰显了一个学生社团的发展情况。如果学生社团成员规模较小、参与意愿较低，甚至出现隐性流失的情况（主要是指成员仍在学生社团联络范围之中，但是并不参与学生社团的实践活动与日常往来），则表明该学生社团发展状况不佳。学生干部是保证学生社团正常运转的中坚力量，其本身的素质和水平对学生社团发展和中华优秀传统文化实践开展具有重要影响。作为学生社团日常运行的关键因素，指导教师主要起着指导和审核有关学生社团的工作事务的作用，其正确的指导、严格的审核可以帮助学生社团在中华优秀传统文化实践过程中取得更好的效果。

相对而言，组织建设、对外联络比较侧重于描述学生社团在发展建设过程中的实际做法。高校需要长期重视学生社团在组织建设上的功能与价值，强化其与各界的沟通，提升学生的综合能力。组织建设主要包含对学生社团的定位、运营、改革等因素，良好的组织建设有利于提升学生社团的内在凝聚力，助其形成良好的代际传统，明确自身的发展定位，避免出现内部矛盾。对外联络则主要是指学生社团跟校内外组织进行合作的意愿，通过与校内外各类组织的交流协作，有利于学生社团积累更多经验，并且提升自身影响力。值得注意的是，此一影响因素是备选项，并不是所有学生社团的发展都需要进行对外联络。但是根据调研结果，往往影响力越大、发展目标越高的学生社团，越是积极寻求与其他主体的联合协作，这表明了对外联络带来的合作共赢情形在学生社团发展建设中的重要性。

正如之前所说，上述四项影响因素共同组成了学生社团发展这一核心范畴。如果将学生社团发展视作一个整体，那么学生社团发展会对中华优秀传统文化实践此一核心范畴造成影响；与此同时，行政管理和物质资源也在其中发挥着重要作用。也就是说，可以将学生社团发展作为影响中华优秀传统文化实践的一个整体，其中包含的四个变量可以独立影响中华优秀传统文化实践这一核心范畴中的五项影响因素。

中华优秀传统文化实践这一核心范畴中的五项影响因素实际上具有时间发生逻辑上的先后顺序，其作用顺序大致为文化选择、策划水平、推广能力、文化呈现、文化体验。指导教师需要在学生社团筹办中华优秀传统文化实践的过程中，引导社团负责人选择合适的中华优秀传统文化主题，做好对中华优秀传统文化实践的策划和推广，选用丰富的表现形式，增强参与者的活动体验，提升中华优秀传统文化实践的育人成效。与指导教师相似，人才储备对学生社团开展中华优秀传统文化实践的影响也是如此。良好的组织建设、对外联络可以帮助学生社团凝聚更广泛、更优质的思维力量投入到中华优秀传统文化实践的选题、策划与推广中，从而保证中华优秀传统文化实践取得更好的传播效果。

（三）中华优秀传统文化实践

根据学生社团举办活动的规章要求和一般经验，中华优秀传统文化实践可以分为策划、审批、筹备、推广、实施等主要阶段，学生社团在活动过程中往往受到行政管理制度、物质资源等外部因素的显著影响。该核心范畴包含文化选择、策划水平、推广能力、文化呈现、文化体验五个变量，这五个变量存在时间上的先后顺序，下文将进行具体分析。

第一是文化选择。文化选择主要是指在学生社团策划中华优秀传统文化实践活动的过程中，对所要呈现的中华优秀传统文化的主题内容的选择。学生社团中华优秀传统文化实践的主题内容，从根本上来源于中华优秀传统文化兼容并蓄的丰富内涵，体现在中华民族共同拥有的文化传统与多民族各自拥有的民族文化、地域文化的和谐统一，庙堂之上的精英文化与江湖之远的大众文化的和谐统一，以及中华优秀传统文化的历史渊源与中华优秀传统文化的现代诠释的和谐统一。此外，近百年来的红色革命文化也为中华优秀传统文化注入了新生机。

众多文化表征形式在今天仍因其文化审美价值而焕发着蓬勃的生命力，学生社团可以在中华优秀传统文化实践中对一些文化表征形式加以改造或简化，在保留中华优秀传统文化的真、善、美等内核的基础之上，重

第五章 创新中华优秀传统文化实践的可行性路径

新诠释蕴含其中对现代社会仍有借鉴意义的价值理念,使之更加贴近现代生活。在学生社团对中华优秀传统文化的选择性诠释和创造性运用的过程中,中华优秀传统文化实践的受众契合度是影响其育人效果的重要因素之一。这里所说的受众契合度是指中华优秀传统文化实践的主题内容与受众的需求兴趣之间的契合程度。在中华优秀传统文化实践的策划阶段,学生社团需要深入调研,了解学生的文化需求和兴趣爱好,不同专业、不同年级的学生偏好的中华优秀传统文化实践的内容与形式可能有所不同。此外,在中华优秀传统文化实践的互动环节中设置适当奖励,这也是能够有效激发学生参与热情的一个办法。

第二是策划水平。策划环节是一个活动的起点,对活动的最终效果有着决定性影响。学生社团成员,特别是学生干部,是策划中华优秀传统文化实践的基本主体,除了他们以外,学生社团还会得到来自指导教师以及社联、团委等管理单位的指导和审批。经过调研发现,学生社团对中华优秀传统文化实践的策划主要依赖于社团成员的个人能力和相关经验,缺乏与之相关的专业指导,也未能提炼出可以推广的经验方法。学生社团对中华优秀传统文化实践的策划水平体现了策划主体对流程设计、时空条件、受众心理等一般要素的把握能力,对中华优秀传统文化实践的整体质量和最终效果起着基础性作用,这是目前学生社团有待提高的一个方面。

第三是推广能力。宣传推广是学生社团增强活动影响力的扩音器,对保证参与人数、提升相关学生社团的知名度、增强中华优秀传统文化实践的影响力具有重要意义,而这种宣传推广应该包括活动前的推广预热、活动进行中(对于那些持续时间较长的活动而言)以及活动后的宣传报道。整体而言,有关中华优秀传统文化实践的推广能力可以分为宣传人才、宣传策略、宣传渠道、宣传材料四个维度。宣传人才是推广中华优秀传统文化实践的策划主体和实施主体,以学生社团成员为主,影响着宣传策略的制定、宣传材料的制作和宣传渠道的选择,对中华优秀传统文化实践的推广能力具有决定性作用。宣传策略是活动宣传者为推广中华优秀传统文化实践采取的所有办法的集合。宣传渠道是推广中华优秀传统文化实践的平台,主要包含线下推广、新媒体推广两种类型。宣传材料是推广中华优秀传统文化实践的宣传品,包括宣传海报、微信公众号推文、宣传视频等。

第四是文化呈现。文化呈现是指中华优秀传统文化实践的文化内容呈现形式，通过调研发现，如何实现中华优秀传统文化实践的活动形式创新是受访人普遍关心的一个问题。目前，讲座、读书会、音乐会性质的中华优秀传统文化实践在活动形式上同质化的现象较为突出，特别是在将思想政治教育融入中华优秀传统文化实践的过程中，中华优秀传统文化与思想政治教育的内容被理解得不够全面。通过调研发现，多个学生社团在尝试探索"文化+"的中华优秀传统文化实践的活动形式的创新路径，将中华优秀传统文化与剧本杀、音乐、舞蹈等学生喜闻乐见的活动形式相结合，在提升活动人气的同时，实现对中华优秀传统文化的现代演绎。

第五是文化体验。文化体验是中华优秀传统文化实践的参与者在活动过程中的身心体验。实现趣味性与教育性相结合的文化体验，是学生社团在开展中华优秀传统文化实践的过程中的一种自发追求，也符合校园举办第二课堂的最初目的。在开展中华优秀传统文化实践的过程中，设置简单的创作、游戏或竞赛环节，能够使参与者在娱乐中加深对中华优秀传统文化的体验与理解，从而令中华优秀传统文化实践取得较为理想的育人效果。

第二节　探索中华优秀传统文化实践的创新路径

上文以扎根理论研究方法构建高校学生社团开展中华优秀传统文化实践的影响因素及其作用机理的概念模型，探索学生社团开展中华优秀传统文化实践的相关影响因素，并且在访谈文本和信息采集表的基础之上，对学生社团在开展与创新中华优秀传统文化实践方面存在的问题和困境进行了归纳和分析。高校学生社团开展中华优秀传统文化实践是一个复杂的过程，想要提升中华优秀传统文化实践的质量水平，促进以学生社团为代表的学生组织更加高效地开展中华优秀传统文化实践，需要从所涉各个环节入手。具体而言，想要创新中华优秀传统文化实践，可以从以下几条路径探进。

一、简政放权：充分发挥高校学生社团自主性

通常而言，行政管理和物质资源对学生社团开展中华优秀传统文化实践具有先决性影响。行政管理的规定会影响学生社团的物质资源供给，而物质资源供给的实际情况可能会反过来影响行政管理的规定。行政管理和物质资源是影响学生社团发展和中华优秀传统文化实践的外部客观条件，高校学生社团的相关管理部门需要以简政放权的思路去理解、管理、引导高校学生社团，充分释放其活力，让其更好地开展中华优秀传统文化实践。高校学生社团的相关管理部门应该跳出校级学生组织科层制框架，转向对上和对下双向负责体制。

在高校学生社团开展中华优秀传统文化实践方面，简政放权的管理思路具体表现为以下四点：一是要在调研本校学生社团实际情况的基础之上，精简中华优秀传统文化实践的相关行政审批项目。二是要优化行政审批程序，可以根据高校的具体情况建立中华优秀传统文化实践的网上审批系统，简化和公开中华优秀传统文化实践的审批条件与办理指南。三是要强化部门信息共享和业务协同程度，避免学生社团分头跑业务和重复交材料的问题，从而提高学生社团开展中华优秀传统文化实践的效率。四是要加强对中华优秀传统文化实践的过程及过后的监管工作，在不断创新监管方式的基础之上，高度重视过程监管和监管实效。

二、运筹帷幄：以系统的眼光看待学生社团发展

系统观念是指以系统的眼光看待事物发展的世界观和方法论，是人们认识世界和改造世界的基本思维。马克思主义唯物辩证法十分注重系统观念，强调事物是由若干相互作用、相互依赖的部分组合而成的，是具有特定功能的有机体，主张全面地而不是片面地、发展地而不是静止地、普遍联系地而不是孤立地观察世界。对于学生社团发展而言，同样需要用系统的眼光去看待相关问题。上文已经提到，在学生社团发展过程中，存在教师指导、人才储备、组织建设和对外联络四项影响因素，它们是学生社团发展的内部情景条件，而学生社团发展水平又会深刻影响中华优秀传统文化实践的质量水平。进一步来说，想要学生社团获得良好的发展势头、在

开展中华优秀传统文化实践方面取得理想的成绩，必须调和好其内部情景条件及其相互关系。

例如通过学生社团干部制度改革，推动指导教师有效参与学生干部选拔换届和考核评价过程；优化学生社团骨干成员考核激励机制，增强学生社团骨干的荣誉感和成就感；建立和落实指导教师与学生社团成员之间的例会制度，促进师生交流，推动形成有温度有内涵的组织氛围；在上级组织统一协调下，围绕活动宣传推广、活动策划实施等学生社团工作，形成以老带新与专业培训相结合的学生社团人才培养机制……通过让以上四项主要影响因素构成有机联系，使之共同助力学生社团的长足发展及其中华优秀传统文化实践的开展。

三、推陈出新：创新中华优秀传统文化实践

创新是一个民族进步的灵魂，是一个国家兴旺发达的不竭动力。因此，应当将创新意识贯穿于中华优秀传统文化实践中。正如前文所说，在策划与开展中华优秀传统文化实践的过程中，存在文化选择、策划水平、推广能力、文化呈现、文化体验五项影响因素，它们是中华优秀传统文化实践的内部情景条件，直接作用于中华优秀传统文化实践本身，而中华优秀传统文化实践又受到学生社团发展、行政管理和物质资源等因素的影响。

在文化选择上，高校学生社团在开展中华优秀传统文化实践之前需要进行充分的调研工作，在受众、成本、内容三个方面下足功夫，根据具体情况选择适合的主题。在策划水平上，应该着重提升对中华优秀传统文化实践的活动流程的创新设计能力，针对具体的活动设计出更加适合的流程。在推广能力上，高校学生社团可以在宣传材料、推广策略、推广渠道、宣传人才等方面进行思考。在文化呈现上，需要高校学生社团思考更具创意的中华优秀传统文化呈现方式。在文化体验上，高校学生社团在开展中华优秀传统文化实践时，需要将知识传递和实践体验相结合，增加活动参与者的体验感，鼓励参与者以亲身体验的方式去接触、了解、感悟中华优秀传统文化。

四、寓教于乐：合理选取中华优秀传统文化实践的基调

在前文中已经提到，学生社团的中华优秀传统文化实践存在教育性和趣味性的双重取向难以兼顾的困境，这个困境的存在会使中华优秀传统文化实践陷入教与乐两相为难的境地。要想解决这个问题，需要学生社团注重营造中华优秀传统文化实践的活动氛围，选取适合的文化呈现形式，使形式较好地服务于内容。形成良好氛围的关键在于了解中华优秀传统文化实践涉及的中华优秀传统文化性质，因地制宜地选择一个合理切入口，即从教与乐中选择一个要素作为中华优秀传统文化实践的主要基调。在此基础之上，将另外一种要素合理融入主要基调之中，努力向寓教于乐的兼容并包取向靠拢。例如相对严肃的内容应该更加重视教育的基调，但是可以融入较有趣味性的环节进行点缀，从而丰富中华优秀传统文化实践的活动形式；趣味性较强的中华优秀传统文化实践则可以设置具有教育意义的环节，使参与者在娱乐中获得自我提升。此外，在开展中华优秀传统文化实践的时候，需要避免教育性与趣味性一元论的取向，应该充分认识并肯定教育性这一基调的主要功效，同时支持趣味性的元素充分融入其中，实现中华优秀传统文化实践寓教于乐的理想效果。

五、有据可依：完善学生社团中华优秀传统文化实践的评分标准

在影响中华优秀传统文化实践的种种因素中，管理制度起着尤为重要的作用。需要充分认识到，仅靠指导教师或学生干部的积极性来推动中华优秀传统文化实践的创新是不够的，还需要学校从管理制度层面提供保障，其中有关学生社团中华优秀传统文化实践的评分标准尤其重要。内容完善、尺度公正的评分标准既有利于学生社团以此为镜、提升中华优秀传统文化实践的质量水平，也有利于管理和扶持中华优秀传统文化实践向在正确、长远、平稳的道路上前行。评分标准的制定大致可以分为两个维度：一是从长期视角出发，制定对学生社团的评价标准，考察学生社团在一段时间里自身发展情况和中华优秀传统文化实践情况的客观数据。二是从短期视角出发，制定对中华优秀传统文化实践的呈现效果与体验效果的

测量体系，考察中华优秀传统文化实践的质量水平以及参与者的文化体验，从主客观角度全面衡量学生社团开展中华优秀传统文化实践的成效。

六、寻找支持：合理优化学生社团资金来源

调研发现，目前活动经费不足是制约高校学生社团开展中华优秀传统文化实践的主要因素之一。总体来说，资金审核流程冗杂、资金拨付速度慢、经费总额少、自筹活动经费受限等问题已经严重影响到学生社团中华优秀传统文化实践的质量水平。因此，优化校内财政管理制度，适当建立校外社会公益资金筹措体系是纾困之法。

一般而言，高校学生社团的校内资金主要来源于报账和会费，而当前情况是学生社团的报账金额有明确上限，收取会费也已被明令限制。就报账制度而言，一些学生社团的活动经费较为充裕，甚至会出现一些资金存留下来的情况，但是另外一些学生社团受制于报账经费总额而不能相对自由地开展中华优秀传统文化实践。所以，学生社团的相关管理部门应该提前进行充分调研，结合相关的条件价值评估法及学生社团的调研资料，适当优化对学生社团的资金配置，尽量保证所有学生社团都能获得充足的活动资金。就会费而言，学生社团的相关管理部门应该酌情考虑允许学生社团通过收取一定会费来补充活动资金，并且建立相应的审核监督机制，从而确保所有会费都被用于正途。

此外，学生社团的资金来源较为单一，校内拨付是其主要渠道。学生社团的相关管理部门可以适当放开学生社团的资金来源渠道，先采用试点探索的办法，选择部分具有发展潜力的学生社团的中华优秀传统文化实践，建立健全校外社会公益资金筹措体系。学校相关职能部门可以在其中充当审核者和评估者的角色，为参与试点探索的学生社团与社会组织牵线搭桥，在规范操作的前提下，促进双方加强互动和往来，使中华优秀传统文化实践能够得到外界资金的扶持。目前学术界的相关研究成果较少，但是事实上建立健全校外社会公益资金筹措体系确实可以帮助学生社团缓解活动资金不足的困境，促进中华优秀传统文化实践的发展与创新。

七、创新宣传：依托小程序搭建一体化推广平台

传播中华优秀传统文化，需要坚守中华文化立场，提炼展示中华文明的精神标识和文化精髓，加快构建中国话语和中国叙事体系，讲好中国故事、传播好中国声音，展现可信、可爱、可敬的中国形象。

目前学生社团开展中华优秀传统文化实践主要依托个人新媒体账号、表白墙、线下海报等方式，虽然操作成本低、易于具体实施，但是这些推广方式的宣传效果并不稳定。受众能否接收到相关信息，主要取决于他们有没有途径接触到这些信息，其中的不可控因素较多。此类推广模式弱化了受众的主观能动性，难以实现有效的双向传播。是故，进行新媒体平台建设需要在已有经验的基础上注意以下几点：第一，注重传播内容的生活性。新媒体平台上进行宣传的内容首先要贴近生活实际，可以是身边时时发生的小事，也可以是整个国家的民俗和传统，但要做到"从群众中来，到群众中去"，不能远离人们的日常生活。总之要能够以具体的视角激发传播受众的思维，唤起对中华优秀传统文化的浓浓情谊。第二，要有时代性，内容要能够体现中国特色社会主义价值观，符合时代发展的脉络。第三，要注重互动性。不管怎么制作，一定要努力和受众的心灵产生互动，用情对话，同时创新宣传内容，以新的方式加强互动。第四，要做到学生生产主体和教师指导帮助的双边统一。学生将中华优秀传统文化与现代潮流相结合，利用新媒体精准传播，开展爱国主义主题教育。同时指导教师积极参与互动，能最大限度促进双方对该文化的了解，发挥其立德树人的效果。本书编写组成立的"传统文化工作坊"就在微信公众号上进行了一系列尝试，在师生共同创新的过程中，积累了一些宝贵经验。本书将部分优秀内容以文本形式放在附录中，以供读者学习、批评和指正。

依托新媒体技术，学生社团可以开发具有创新宣传效果的新型宣传平台。例如开发专属小程序，在这些小程序中保持长期宣传。学生社团可以将相关宣传材料上传至小程序，详细展示中华优秀传统文化实践的主题内容、活动细节、时间地点等信息。小程序也可以定期精选中华优秀传统文化实践，提醒有参与意愿的学生登录小程序查看最新情况，并且可以让学

生在活动结束以后进行评价与互动。质言之，建设一体化线上推广平台，有利于提高中华优秀传统文化实践的宣传效率，也有利于增强中华优秀传统文化实践的实际影响力。

第六章 高校学生社团中华优秀传统文化实践评价指数体系

在上一章中,笔者对 98 份原始文本进行了扎根理论分析,提炼归纳了影响高校学生社团开展中华优秀传统文化实践活动效果的因素及其作用机理模型,并针对我校实际情况,探索创新发展路径。在此基础上编制了高校学生社团发展和中华优秀传统文化实践评价指数体系,用于为相关学生社团和实践活动提供评价工具。特别说明本章所提及的高校学生社团是限定在与中华优秀传统文化相关的范围内。

第一节 高校学生社团发展评估指数

一、设置目的与使用说明

就中华优秀传统文化实践而言,高校学生社团发展评估指数表的研制和设立,其目的一方面是为高校不同类型学生社团建设发展提供快速、简明、量化、直观的评估工具;另一方面也可以为高校学生社团指导者和管理者提供工作考核的参考标准和依据,从而有效解决学生社团考核评估标准模糊和组织管理任意性等问题。

高校学生社团在考核评估标准上存在模糊性特点,突出表现在学生社团管理制度和考核方法的内容多为定性描述,缺乏明确的可量化、可操作的标准。这将导致学生社团工作缺乏针对性指导。同时,高校学生社团在组织管理上存在任意性、随意性特点。这体现在高校学生社团的指导方面，即指导教师的流动性非常强，学生与指导教师交流少、收获微，社团组织的成长平台作用尚未充分体现。高校学生社团缺乏制度化和规范化的运作机制和管理体制，缺乏社团组织的激励机制、约束机制和竞争机制。由于指导教师工作的不断调整和社团成员的频繁更替，规范化和制度化的管理遇到极大的困难和挑战。

因此，建立一套完整、科学、有效的用于指导高校学生社团的标准是非常有必要的。社团自评是学生社团管理工作的重要组成部分，也是管理主体了解学生社团内部情况的重要窗口。学生社团干部干事和指导教师，也可将评估指数表中的各项标准与学生社团实际情况相对比，量化自评社团建设和发展情况，看成绩，找不足，从而制订和完善社团工作计划。

评估指数表相关指标和各项内容主要参考影响学生社团存续发展及育人功能发挥的要素，同时结合一线参与学生社团工作的师生的直接经验进行设置。当然，由于不同高校在层次、学科分布、校园文化氛围和社团管理办法等方面的差异，本评估指数表不能适用于一切高校，而是需要使用者结合当时当地的实际情况灵活使用。此外，因评估指数表设计采样和验证范围并不全面，需要在实践中加以发现和修正。本评估表在未来实践中会不断完善，这也是学生社团事业不断发展、相关经验与思考不断积累的过程。

二、高校学生社团发展评估指数表

本次研究过程中，对于高校学生社团发展指数评估进行了一次开创性的设计。评估指数分为两级指标，一级指标包括五个方面，分别是社团荣誉、社员成员发展、宣传策划、组织架构和活动开展。邀请多位高校学生社团指导专家，依据评估指标，进行逐项打分（见表6-1）。

表6-1 高校学生社团中华优秀传统文化实践评估指数表

一级指标	二级指标	定义	计算方法	总分
社团荣誉	获奖情况	以社团为单位获得荣誉奖项的情况	①无获奖情况（0）； ②获得校级荣誉（优秀、十佳社团或其他同等级荣誉除外）（5）； ③获得校级优秀或十佳学生社团或其他同等级荣誉（10）； ④获得校级以上奖项（20） 注：②③④可以累加，但不超过上限30分	30
社团成员发展	社员规模	社团成员人数占全校学生人数的比例	①比例≤1‰（5）； ②1‰＜比例≤2‰（10）； ③2‰＜比例≤4‰（15）； ④4‰＜比例≤6‰（20）； ⑤比例＞6‰（25）	45
	活跃社员比例	活跃社员（一学年内参与社团活动≥3次）占社员总人数的比例	①比例≤20%（5）； ②20%＜比例≤40%（10）； ③40%＜比例≤60%（15）； ④比例＞60%（20）	
宣传策划	宣传材料	社员制作的用于宣传学生社团、推广中华优秀传统文化实践活动的材料	①不能独立制作宣传材料（0）； ②能够独立制作宣传材料，但形式和内容缺乏吸引力（5）； ③能够独立制作宣传材料，形式和内容有一定吸引力（10）； ④能够独立制作宣传材料，形式和内容极具吸引力（15）	40
	新媒体账号影响力	粉丝量、推文和视频点赞量、转发量	①无新媒体推广渠道（0）； ②有官方新媒体账号（微信公众号、微博、B站等），粉丝量≤500，推文和视频点赞量≤500，转发量≤500（5）； ③有官方新媒体账号并定期更新，500＜粉丝量≤5000，500＜推文和视频点赞量≤5000，500＜推文和视频转发量≤5000（10）； ④有官方新媒体账号并定期更新，粉丝量＞5000，推文和视频点赞量＞5000，推文和视频转发量＞5000（15）	

续表 6−1

一级指标	二级指标	定义	计算方法	总分
宣传策划	线下推广	社员在校园内外通过张贴海报、摆摊等形式进行社团宣传和中华优秀传统文化实践活动推广的情况	①每学年线下推广次数<1（0）； ②1≤每学年线下推广次数<4（5）； ③每学年线下推广次数≥4（10）	40
组织架构	换届制度	关于学生社团干部干事换届产生的规程或准则	①无学生社团干部干事换届产生办法的成文规定（0）； ②有学生社团干部干事换届产生办法的成文规定，但无民主程序或指导教师参与（5）； ③有学生社团干部干事换届产生办法的成文规定，并有民主程序和指导教师参与（10）	55
	干部干事培训	对学生社团干部干事工作能力和工作方法的培训	①对社团干部干事无工作能力和工作方法的培训（0）； ②1≤每学年对学生社团干部干事工作能力和工作方法的培训次数<3（5）； ③每学年对学生社团干部干事工作能力和工作方法的培训次数≥3（10）；	
	干部干事考评	对学生社团干部干事工作表现的考核评价	①对学生社团干部干事工作表现无考核评价办法（0）； ②对社团干部干事工作表现有考核评价办法，但无指导教师参与（5）； ③对学生社团干部干事工作表现有考核评价办法，并有指导教师参与（10）	
	指导教师配备情况	学生社团指导教师的配备和分工情况	①有一位指导教师（5）； ②有两位及以上的指导教师，且分工明确（10）	
	指导教师专业匹配程度	指导教师研究领域或学科专业与中华优秀传统文化的相关度	①指导教师专业为汉语言文学、历史学、艺术学等（15）； ②指导教师专业为人类学、文艺学理论、编辑出版学等（10）； ③指导老师专业为其他类（5）	

续表6－1

一级指标	二级指标	定义	计算方法	总分
活动开展	活动数量	举办的中华优秀传统文化实践活动数量	①一年内无活动（0）； ②1≤活动数量<3（5）； ③3≤活动数量<6（10）； ④活动数量≥6（15）	130
	活动规模	每年（或每学年）参与活动的人数	①0≤年活动参与人数<20（5）； ②20≤年活动参与人数<50（10）； ③50≤年活动参与人数<100（15）； ④100≤年活动参与人数<200（20）； ⑤200≤年活动参与人数<300（25）； ⑥年活动参与人数≥300（30）	
	活动主题相关度	每年（或每学年）以中华优秀传统文化为主题的活动在学生社团开展的所有活动中的占比	①一年内未开展以中华优秀传统文化为主题的活动（0）； ②一年内开展的以中华优秀传统文化为主题的活动占比≤40%（5）； ③40%<一年内开展的以中华优秀传统文化为主题的活动数量占比≤70%（10）； ④一年内开展的以中华优秀传统文化为主题的活动数量占比>70%（15）	
	师生联系	指导教师和学生社团成员间的线下交流会开展情况	①每学年师生见面会次数<1且没有微信和QQ群等其他交流形式（0）； ②1≤每学年师生见面会次数<3且有微信和QQ群等其他交流形式（5）； ③3≤每学年师生见面会次数<6且有微信和QQ群等其他交流形式（10）； ④每学年师生见面会次数≥6且有微信和QQ群等其他交流形式（15）	

续表 6-1

一级指标	二级指标	定义	计算方法	总分
活动开展	指导教师参与和指导活动的次数	指导教师参与和指导中华优秀传统文化学生社团实践活动的情况	①指导教师未参与和指导（0）； ②1≤参与和指导次数<3（5）； ③3≤参与和指导次数<6（10）； ④参与和指导次数≥6（15）	130
	活动级别	主办活动等级	①院级活动（5）； ②校级活动（10）； ③省部级活动（15）； ④国家级活动（20） 注：①②③④可以累加，但不超过上限40分	

（一）社团荣誉

社团荣誉是学生社团成员发展的显性指标，荣誉本身是经过活动认证后直观展示的指标。评选颁发社团荣誉，是高校激励社团成员特别是社团干部办好学生社团，发挥好学生社团育人功能的重要举措。

以四川大学为例，建立和完善四川大学十佳学生社团评选制度是评估的重要参考资料。学校每年在全校范围内评选学生社团工作先进集体10个、十佳学生社团10个、优秀学生社团20个以及优秀学生社团骨干若干名。其中，对十佳学生社团和优秀学生社团的评选标准是"社团活动格调高雅，活动效果和反响良好，在实践育人、文化育人、服务育人等方面发挥积极作用"，为学生社团健康发展及其育人功能发挥提供了价值引领。优秀学生社团骨干作为个人荣誉纳入学生的学年综合素质测评和硕士研究生推免考核细则中，激发了广大学生积极参与社团事务的热情。书画协会、笑笑相声社、古筝协会、巧心坊协会等入围十佳社团答辩，舍南有竹汉服文化协会被评为2022年度优秀学生社团。

因此在二级指标中，获奖情况为重要评估依据，以社团为单位统计获奖情况。荣誉等级和获奖次数决定本项指标的得分情况：无获奖情况，计0分；获得校级荣誉（优秀、十佳社团或其他同等级荣誉除外），计5分；

获得校级优秀或十佳学生社团或其他同等级荣誉，计10分；获得校级以上奖项，计20分。

（二）社团成员发展

社团成员（下文简称社员）在高校学生社团发展中起到了中流砥柱的作用。社员数量是衡量社团影响力和受认可度的重要指标。然而，调研发现，各社团中均出现了少数学生加入后很少参与活动甚至成为只存在于统计表中的"僵尸"社员的现象。这一现象的产生虽有一定的客观因素，如学生加入时对社团了解不充分、个人兴趣减退、活动时间与个人学习时间冲突等，但社员的这种"隐性流失"（主要是指成员仍在学生社团联络范围之中，但是并不参与社团的实践活动与日常往来）也不同程度反映了社团及其活动吸引力不足，社员对社团认可度低、归属感弱等问题。因此，不能只看社员的"量"而忽视社员的活跃程度。社员规模和活跃社员比例是社团发展现状及后续可持续性的直观体现。

基于上述分析，本书从社员规模、活跃社员比例两个维度评估学生社团的社员发展情况。社员规模按社团成员人数占全校学生人数的比例计算（社团成员人数÷全校总人数）。该比例≤1‰，计5分；1‰＜比例≤2‰，计10分；2‰＜比例≤4‰，计15分；4‰＜比例≤6‰，计20分；比例＞6‰，计25分。

本书将活跃社员限定为一学年内参与社团活动≥3次的成员，因此活跃社员比例即活跃社员占社员总人数的百分比。比例≤20％，计5分；20＜比例≤40％，计10分；40％＜比例≤60％，计15分；比例＞60％，计20分。

（三）宣传策划

宣传策划能力是影响高校学生社团发展的重要因素。成功的宣传策划能够使实践活动深入人心，对保证活动参与人数、提升社团知名度、弘扬中华优秀传统文化具有重要意义。值得注意的是，宣传推广应贯穿活动始终，包括活动开始前的推广预热、活动进行中的现场直播，以及活动结束后的宣传报道。制作精美的宣传材料是做好宣传推广工作的第一步。对高校学生群体而言，集趣味性、知识性、创新性于一体的宣传材料具有天然的吸引力。随着移动互联网技术的飞速发展，新媒体线上模式已逐渐取代线下模式，成为高校学生社团宣传推广中华优秀传统文化实践活动的主要渠道。

因此，本书主要从宣传材料制作能力、新媒体账号影响力和线下推广能力三个维度评估高校学生社团的宣传策划能力。宣传材料是指高校学生社团成员制作的用于宣传社团、推广中华优秀传统文化实践活动的材料。不能独立制作宣传材料，计0分；能够独立制作宣传材料，但形式和内容缺乏吸引力，计5分；能够独立制作宣传材料，形式和内容有一定吸引力，计10分；能够独立制作宣传材料，形式和内容极具吸引力，计15分。

新媒体账号影响力是指学生社团新媒体账号粉丝量、推文和视频点赞量、转发量。无新媒体推广渠道，计0分；有官方新媒体账号（微信公众号、微博、B站等），但粉丝量、推文和视频点赞量、转发量均在500以下，计5分；有官方新媒体账号并定期更新，粉丝量、推文和视频点赞量、转发量介于500~5000，计10分；有官方新媒体账号并定期更新，且粉丝量、推文和视频点赞量、转发量大于5000，计15分。

线下推广是指社员在校园内外通过张贴海报、摆摊等形式进行社团宣传和活动推广的情况：每学年线下推广次数<1，计0分；1≤每学年线下推广次数<4，计5分；每学年线下推广次数≥4，计10分。

（四）组织架构

组织架构和制度规范建设是高校学生社团可持续健康发展的内在保证。著名制度经济学家诺斯在他的著作《制度、制度变迁与经济绩效》中指出："制度是一个社会的博弈规则，或者更规范地说，它们是一些人为设计的、形塑人们互动关系的约束。从而，制度构造了人们在政治、社会或经济领域里交换的激励。制度变迁决定了人类历史中的社会演化方式，因而是理解历史变迁的关键。"[①]

---

① 诺斯：《制度、制度变迁与经济绩效》，杭行译，格致出版社，2008年版，第3页。

第六章 高校学生社团中华优秀传统文化实践评价指数体系

学生社团内外部管理制度维系着日常运转和评价体系。其中，换届制度和年审制度是长期存在的基本管理制度。学生社团成员，特别是干部干事，作为中华优秀传统文化实践的策划和组织主体，是保证社团正常运转的中坚力量，他们自身的素质和水平对社团发展和中华优秀传统文化实践活动的内容和质量具有重要影响。一定规模以上的活动策划与实施对干部干事工作能力有很高的要求。他们需要对中华优秀传统文化具备浓厚兴趣，相关知识储备丰富，统筹协调能力较强，在与不同行政部门（学工部、团委、财务处等）与群体（教师、学生）沟通过程中，能够满足各方需求。对高校学生社团而言，良好的社员向心力和活跃度主要体现在组织者（干部干事）通过设立合理的目标和开展有效的活动促使社员对社团产生良好的认同感，而这种认同感的产生需要组织者真正了解社员需求，以活动为纽带，展现组织魅力，使社员在其中可以感受自身的成长。但大部分干部干事在进入大学前缺乏足够的工作经验，甚至存在某学生社团内部无人知晓相关管理制度的现象。因此，需要建立和完善社团干部干事培训和考核机制。

指导教师作为学生社团日常运行的关键因素，主要起着指导和审核工作事务的作用。其正确的指导、严格的审核可以帮助学生社团在开展中华优秀传统文化实践的过程中取得更好的效果。指导教师的专业背景是影响其作用发挥的重要因素。值得强调的是，指导教师切实参与到社团干部干事的选拔、培训与考核过程中，是指导把关作用得以落实的重要途径。

因此，本书主要从换届制度、干部干事培训、干部干事考评、指导教师配备情况、指导老师专业匹配程度等五个方面评估学生社团组织架构。

换届制度是指关于学生社团干部干事换届产生的规程或准则。无学生社团干部干事换届产生办法的成文规定，计 0 分；有学生社团干部干事换届产生办法的成文规定，但无民主程序或指导教师参与，计 5 分；有学生社团干部干事换届产生办法的成文规定，并有民主程序和指导教师参与，计 10 分。

干部干事培训，顾名思义是对学生社团干部干事工作能力和工作方法的培训。对社团干部干事无工作能力和工作方法的培训，计 0 分；每学年对学生社团干部干事工作能力和工作方法的培训次数介于 1~3 次，计 5

分；每学年对学生社团干部干事工作能力和工作方法的培训次数大于等于3次，计10分。

干部干事考评是对其工作表现的考核评价，引入该项评价指标的目的是不断提高干部干事的综合能力，发挥在工作执行中的主观能动性。对社团干部干事工作表现无考核评价办法，计0分；有考核评价办法，但无指导教师参与，计5分；有考核评价办法并有指导教师参与，计10分。

如上文所述，指导教师配备与分工情况是衡量高校学生社团组织策划能力的一项重要指标。有一位指导教师，计5分；有两位及以上的指导教师，且分工明确，计10分。

指导教师专业匹配程度是指其研究领域或学科专业与中华优秀传统文化的相关度。其中，指导教师专业为汉语言文学、历史学、艺术学等，计15分；专业为人类学、文艺学理论、编辑出版学等，计10分；若专业为其他类，计5分。

（五）活动开展

就高校学生社团而言，开展中华优秀传统文化实践活动是实现其组织育人、文化育人的基本途径。其中，活动吸引和辐射学生的能力，是育人功能发挥的基础。在实施过程中应实现活动数量与质量的有机统一，精心打造有特色的系列活动。活动参与人数既是前期宣传推广的直接成果，也能直观反映学生社团影响力。

社团举办的以中华优秀传统文化为主题的活动数量，反映了其定位是否清晰、特色是否突出。指导教师是极为宝贵的智力资源，他们的积极参与和指导在社团活动的举办中发挥着思想引领和智力支持的保障性作用，高校学生社团应好好利用这些资源。师生之间情感联系是否紧密，会直接影响中华优秀传统文化实践活动质量。如果师生之间缺乏情感联系，可能会导致指导教师与学生社团成员之间长期交流甚少。长此以往，高校学生社团在筹办活动上得不到专业的建议与指导，其举办的中华优秀传统文化实践活动的质量将会受到影响。同时，活动级别可较为客观地反映育人功能辐射的高校学生群体数量和范围，也是重要的衡量指标。

因此，本书从活动数量、活动规模、活动主题相关度、师生联系、指导教师参与和指导活动的次数、活动级别六个维度评估学生社团的活动开展情况。

活动数量是指学生社团举办的中华优秀传统文化实践活动数量。一年内无活动，计0分；1≤活动数量<3，计5分；3≤活动数量<6，计10分；活动数量≥6，计15分。

活动规模是指每年（或每学年）参与活动的人数。年活动参与人数少于20人，计5分；20≤年活动参与人数<50，计10分；50≤年活动参与人数<100，计15分；100≤年活动参与人数<200，计20分；200≤年活动参与人数<300，计25分；年活动参与人数≥300，计30分。

活动主题相关度是指每年（或每学年）以中华优秀传统文化为主题的活动在学生社团开展的所有活动中的占比。一年内未开展以中华优秀传统文化为主题的活动，计0分；一年内开展的以中华优秀传统文化为主题的活动占比≤40%，计5分；一年内开展上述活动占比介于40%~70%，计10分；一年内开展上述活动占比>70%，计15分。

师生联系以指导教师和学生社团成员间的线下交流会开展情况为判定依据。每学年师生见面会次数<1且没有微信和QQ群等其他交流形式，计0分；1≤每学年师生见面会次数<3且有微信和QQ群等其他交流形式，计5分；3≤每学年师生见面会次数<6且有微信和QQ群等其他交流形式，计10分；每学年师生见面会次≥6且有微信和QQ群等其他交流形式，计15分。

指导教师参与和指导活动的次数是高校学生社团育人功能发挥的重要影响因素。指导教师未参与和指导，计0分；1≤参与和指导次数<3，计5分；3≤参与和指导次数<6，计10分，参与和指导次数≥6，计15分。

活动级别指高校学生社团主办的活动等级。本书将活动等级划分为院级、校级、省部级、国家级四个层次，分别计5分、10分、15分、20分。

三、评估结果分析与应用

经过多次测试与优化，就中华优秀传统文化实践活动而言，本书将高校学生社团发展评估总分与其建设发展现状的对应关系划分为五个等级（见表6-2）。

表6-2 高校学生社团中华优秀传统文化实践评估等级表

评分	对应等级
220 分以上	优秀
190～220 分	良好
150～189 分	一般
120～149 分	合格
120 分以下	不合格

得分在 220 分以上的高校学生社团发展现状好,在校内具有广泛知名度和影响力,中华优秀传统文化传承、育人功能显著,故评定为优秀学生社团。

得分在 190～220 分之间的高校学生社团发展情况较好,在校内具有一定知名度和影响力,有效发挥了中华优秀传统文化传承、育人功能,故评定为良好学生社团。

得分在 150～189 分之间的高校学生社团发展现状一般,在校内的知名度和辐射范围有限,中华优秀传统文化传承、育人功能不显著,被评定为一般学生社团。

得分在 120～149 分之间的高校学生社团发展现状值得反思,虽举办活动,但在校内的知名度较低,辐射范围较小,中华优秀传统文化传承及育人功能较弱,被评为合格学生社团。

得分在 120 分以下的高校学生社团发展过程中的问题较为突出,被评为不合格,建议取消。

对于优秀学生社团,首先,应总结其成功经验和优秀做法并予以宣传推广;其次,要继续加大扶持力度,保证优秀学生社团长效健康发展,争取形成知名度高、口碑好、特色鲜明的优秀学生社团品牌,形成示范性效应;此外,应对优秀学生社团建设发展中有突出贡献的指导教师和社团骨干给予奖励,提高广大师生参与社团发展的积极性。对于良好和一般学生社团,要对标优秀学生社团,补齐短板、增强长板,努力形成自身特色,争取在学生社团活动质量、社团影响力等方面取得更大进步。对于合格学生社团,要找准学生社团发展过程中存在的实际问题,优先解决限制学生社团发展的瓶颈问题。对于不合格学生社团,要及时总结学生社团发展中的经验教训,完善清退注销机制。

此外，还应关注核心指标的得分情况。例如分值较高的三个一级指标（活动开展、组织架构、社团成员发展），其评估得分之和不应低于总分的45%。对获奖情况、社员规模、活动规模等具有突出指向作用的二级指标，亦需重点关注，若其得分低于上限的50%，则说明该环节出现了较大问题。

最后要指出的是，由于不同高校在学生规模、专业设置、校园文化氛围和规章制度等方面存在差异，因此评估得分与评级的具体情况应当在使用中结合实际进行调整优化。同时，在进行评估的过程中，应选择多位评估人进行客观打分，并取其平均数作为参考。

第二节　中华优秀传统文化实践活动参与者体验评估体系

一、设置目的与使用说明

上一节中提出了高校学生社团发展评估指数，其宗旨在于从长期的、宏观的视角评估高校中与中华优秀传统文化有着千丝万缕联系的学生社团的发展情况。但仅从这样的角度还远远不够，想要更全面地评估，研究者需要从更微观、细节的角度切入，做到宏观与微观、长期与短期、学生社团与实践活动的有机统一。故本节从参与者这一特定微观群体的视角出发，聚焦高校学生社团举办的中华优秀传统文化实践活动，建立参与者体验评估体系，为单个或系列的中华优秀传统文化实践活动提供有效、简洁和明确的评估依据。

值得说明的是，该评估体系强调了参与者的体验与感受。与前文所说的指导者、管理者和组织者不同，参与者是另一分类群体。就高校学生社团而言，参与者主要指不涉及实践活动的指导、管理和组织，仅仅作为独立个体参与活动体验的人。但由于学生社团的开放性，参与者往往可能会兼具其他身份。故在使用本评估体系时，需要选择相对客观、单纯的参与者作为评估考核人员。

当然,对于高校学生社团中华优秀传统文化实践活动而言,参与者体验评估表可作为参照标准,但在具体的使用过程中可因地制宜地进行选用和增删。本表的设计也并非完美,在不断的实践探索中,应逐步完善,这也是高校中华优秀传统文化实践进步发展的必要途径。

二、中华优秀传统文化实践活动参与者体验评估表

参与者体验评估表总分设置为 300 分,分为活动预期、活动体验、活动收获、活动反馈、参与基础五个模块。依据相对重要程度,五个模块被赋予不同的分数。在评估过程中,统一采用里克特五分量表,即每一个相关题项设置为"非常不认同""不认同""一般""认同"和"非常认同"五个选项,分别对应五个等级,即 20%、40%、60%、80% 和 100%。单个题项计分则是以量表对应的百分比乘以单项评分上限,将所有单个题项分数相加即是评估总分(见表 6-3)。

表 6-3 高校学生社团中华优秀传统文化实践活动参与者体验评估表

指标	题项	上限	总分
活动预期	我认为参与此类活动对学习中华优秀传统文化是必要的	20	65
	我认为该活动的前期宣传做得很好	5	
	我认为该活动的宣传做到了体现中华优秀传统文化本身的特色	5	
	我对关注或参与的中华优秀传统文化实践活动组织主体的专业权威性十分认可	10	
	我对关注或参与的中华优秀传统文化实践活动组织主体的知名度十分认可	10	
	我对关注或参与的中华优秀传统文化实践活动的组织主体(即学生社团)有好感	5	
	我对即将关注或参与的中华优秀传统文化实践活动充满期待	5	
	我认为我能够在这个实践活动中学到有关中华优秀传统文化的知识,增进对中华优秀传统文化的了解	5	

续表6-3

指标	题项	上限	总分
活动体验	通过参与活动增进对中华优秀传统文化的了解，这让我觉得很有趣	10	100
	与其他同学一起参与活动并互动，这让我觉得很有趣	5	
	我认为实践活动能够寓教于乐	15	
	在活动中，我能够做到专心参与，不分心	5	
	在活动中，我总感觉时间过得很快	5	
	在活动中，我暂时忘记了学习压力或生活的烦恼	5	
	在活动中展现自我（表演节目、在讲座中提问、回答问题等），这让我觉得很有参与感	5	
	我认为活动筹备充分，相关道具、物资准备充足	10	
	我认为活动组织者能够很好地顾及每一位参与者的感受，在活动过程中我觉得很舒适	10	
	我认为高校学生社团因地制宜地开展了实践活动	5	
	我认为这次实践活动组织开展具有新意	15	
	我认为这次活动做到了将中华优秀传统文化元素与现代文化有效结合	10	
活动收获	通过参与活动，我对中华优秀传统文化有了更多了解	15	45
	通过参与活动，我对中华优秀传统文化的好感度提升了	10	
	参与活动后，我对源远流长、博大精深的中华优秀传统文化的自豪感提升了	5	
	通过参与活动，我放松了身心	5	
	这次活动满足了我的参与预期	10	

续表 6-3

指标	题项	上限	总分
活动反馈	通过这次参与，我对实践活动举办主体的好感度提升了	5	65
	我愿意将我的参与感受在社交媒体上进行分享	5	
	我愿意继续参加后续的其他活动	5	
	我愿意邀请其他好友一同参与	5	
	通过这次活动，我更清楚地意识到自己有传承和弘扬中华优秀传统文化的历史使命	15	
	此次活动加深了我对中华优秀传统文化内涵的了解	10	
	此后我会更主动地了解中华优秀传统文化相关知识，或是主动寻找相关活动信息，或是选修相关课程	10	
	我认为中华优秀传统文化遗产应当被保护、继承和发展	10	
参与基础	我自愿参与本次中华优秀传统文化实践活动	5	25
	我在课外也会阅读中华优秀传统文化经典	5	
	我了解孔子、李世民、沈括、黄道婆等中华著名历史人物	5	
	我了解或掌握中华传统艺术，如书法、古筝、戏曲等	5	
	相比洋节，我更喜欢过中国传统节日	5	

（一）活动预期

在分析访谈数据时发现，活动预期对参与者选择是否参加活动，以怎样的姿态参与活动，乃至对活动整体的体验都有着极为重要的影响。活动预期是参与者进入整体实践的开端，所以在此部分分配了 65 分的分值，约占总体权重的 22%。就参与者而言，将活动预期分为如下四个方面：一是参与者对弘扬和实践中华优秀传统文化的必要性认同，二是参与者对高校学生社团中华优秀传统文化活动的前期传播评价，三是对活动组织者的印象评估，四是参与者对于中华优秀传统文化实践活动的知识习得。

在必要性认同方面，设置了一个分值较重的问题"我认为参与此类活动对学习中华优秀传统文化是必要的"。此问题主要在于衡量参与者自身对中华优秀传统文化及其相关实践活动本身的认同,而认同是后续产生兴趣、参与实践、进行传播和树立文化自信的必要条件,故在此部分设置了20分。

就中华优秀传统文化实践活动而言,高校学生社团前期宣传决定了参与者在实际参与前对实践活动的整体感知。这对活动组织者调动参与者积极性,以让参与者决定是否参加具有关键意义。在"活动预期"这一指标下,本书强调的"前期宣传"并非指活动组织者(高校学生社团)具体做了哪些宣传工作,需要用哪些途径来提升宣传效果,而是站在参与者的角度,考量参与者对于活动前期宣传的感知与反馈。笔者将题项设置为"我认为该活动的前期宣传做得很好""我认为该活动的宣传做到了体现中华优秀传统文化本身的特色",两个题项各占5分。

参与者对活动组织者的印象评估不仅是对高校学生社团的印象评估,也是对中华优秀传统文化实践活动品牌的认可度测试。从这一方面出发,笔者从组织者专业性、知名度、号召力和整体期待出发,将其拆分为四个题项,分别是"我对关注或参与的中华优秀传统文化实践活动组织主体的专业权威性十分认可""我对关注或参与的中华优秀传统文化实践活动组织主体的知名度十分认可""我对关注或参与的中华优秀传统文化实践活动的组织主体(即学生社团)有好感""我对即将关注或参与的中华优秀传统文化实践活动充满期待",分别设置了5分或10分的分值。

即使高校学生对中华优秀传统文化本身和相应实践活动组织方都有着较高的认同,且对实践活动前期宣传有较好的感知,也不意味着高校学生一定会选择参与中华优秀传统文化实践活动。只有当高校学生本身对于中华优秀传统文化有着较高的兴趣和学习期待时,才会选择参加中华优秀传统文化活动。因此,参与者的文化学习期待也是在考察活动预期时不可忽略的一点。故笔者再次设置题项以衡量参与者对参与实践活动所得的期待。但实践所得的评估更多在于活动体验和反馈部分,故这一部分相对来说重要性较低,仅占5分。

（二）活动体验

就参与者而言，活动体验是高校学生社团中华优秀传统文化实践活动体验评估的核心指标，是整个评估体系的重中之重，故在此部分赋予了100分，占总分的三分之一。活动体验如何，直接影响参与者对中华优秀传统文化活动的评价。结合第四、五章的结论，本书将这一指标下参与者的体验诉求拆分为三个部分，分别是：趣味性和教育性的结合、活动开展的规范性与活动创新性。

前文提到，中华优秀传统文化实践活动的趣味性是受访师生在回顾活动策划、活动实施和活动参与体验等环节时多次强调的概念，反映了师生参与活动的精神体验需求；教育性，则是将中华优秀传统文化与立德树人有机结合的内在要求。而寓教于乐，是指导者、管理者、组织者和参与者的共同期待。基于此，本书从文化本身的趣味性、教育性、参与者的亲身感受三个角度出发，设置了7个题项，即"通过参与活动增进对中华优秀传统文化的了解，这让我觉得很有趣""与其他同学一起参与活动并互动，这让我觉得很有趣""我认为实践活动能够寓教于乐""在活动中，我能够做到专心参与，不分心""在活动中，我总感觉时间过得很快""在活动中，我暂时忘记了学习压力或生活的烦恼""在活动中展现自我（表演节目、在讲座中提问、回答问题等），这让我觉得很有参与感"。其中第一项和第三项分别设置为10分与15分，其余则设置为5分。

活动开展的规范性是参与者对高校学生社团开展的中华优秀传统文化活动体验的基础性要求。从客观硬件和主观感受的要求出发，本书将相关题项设置为"我认为活动筹备充分，相关道具、物资准备充足"和"我认为活动组织者能够很好地顾及每一位参与者的感受，在活动过程中我觉得很舒适"，各占10分。

活动创新性是参与者对高校学生社团开展的中华优秀传统文化活动体验的关键要求。前文提到，创新的活动内容、创新的活动形式都会提高参与者的活动体验，故从创新发展的角度出发，共赋值30分。相关题项设置为"我认为高校学生社团因地制宜开展实践活动""我认为这次实践活动组织开展具有新意""我认为这次活动做到了将中华优秀传统文化元素与现代文化有效结合"。

（三）活动收获

活动收获这一指标影响参与者对本次中华优秀传统文化实践活动的整体评价，更关键的是影响参与者以后参与类似活动的意愿。因此，站在可持续发展的角度，对于活动收获的考察是非常关键的。结合访谈数据反馈，可以从自我提升、身心放松和预期达成等方面来评估，共设置45分的题项。

自我提升本身是一个心理学术语，本意指人们在对自我进行评价时产生的积极自我偏见，它是个体在社会比较中努力保持和提升自尊的倾向。中华优秀传统文化实践活动的内容性质可以有效促进参与者的知识学习与自我提升，所以在此处借用这个概念，目的是衡量实践活动前后，参与者对中华优秀传统文化和自我知识能力的评价态度变化。从知识习得、喜爱、自豪等角度，相关题项设置为"通过参与活动，我对中华优秀传统文化有了更多了解""通过参与活动，我对中华优秀传统文化的好感度提升了""参与活动后，我对源远流长、博大精深的中华优秀传统文化的自豪感提升了"，并分别赋予了5~15分不等的分值。

参与中华优秀传统文化实践活动时不可避免地带有自我放松的目的，这也是本书强调趣味性的原因，故设计了5分的题项"通过参与活动，我放松了身心"。活动结束后，参与者会不自觉地衡量活动预期是否达成，故设置了10分的题项"这次活动满足了我的参与预期"。

（四）活动反馈

活动反馈这一指标意在分析参与者对中华优秀传统文化实践活动的整体评价，共占65分，设置的题项遵循由浅入深的考察逻辑。浅层层面侧重评估对相关活动的后续参与意愿，深层层面重点关注参与活动之后对中华优秀传统文化的文化自觉、文化自信与文化认同。

后续活动参与意愿可比较直接地反映参与者对中华优秀传统文化活动的体验，如是否愿意分享、传播和邀请他人一起参与，故设置了4道5分的相关题项"通过这次参与，我对实践活动举办主体的好感度提升了"

"我愿意将我的参与感受在社交媒体上进行分享""我愿意继续参加后续的其他活动""我愿意邀请其他好友一同参与"。

深层次的文化自觉、文化自信与文化认同的提升是中华优秀传统文化实践活动组织育人功能的重要体现。文化自觉指生活在一定文化中的人对其文化有"自知之明",明白它的来历、形成过程、所具的特色和发展的趋向,不带任何"文化回归"的意思,不是要"复旧",同时也不主张"全盘西化"或"全盘他化"。文化自信可以概括为个体、民族或国家对自身文化价值的充分信任与肯定,以及对自身文化生命力的坚定信念,本质上是对文化生命力的信念信心。文化认同是在文化与人的社会心理和行为互动过程中,外部的影响逐渐被个体接受、内化和整合的过程,是群体成员对母文化和异文化的一种基本态度,是对人与人之间或个人与群体之间的共同文化的确认,是个体对某种文化的认同程度,具体来说就是个体自己的认知、态度和行为与某种文化中多数成员的认知、态度和行为相同或相一致的程度。文化自觉与文化自信互相作用,共同成就中华文化建设的新高度,促进本民族整体的文化认同程度提升。对三者的衡量可以反映参与者活动前后思想和行为的深层变化,而这种变化正体现了实践活动的核心目的——以文化人、以文育人,充分调动中华优秀传统文化的价值以帮助参与者塑造正确的世界观、人生观和价值观,更好地指导生活。基于上述讨论,笔者在此设置了四道题项,共占 45 分,以彰显其重要性。具体题项从文化自觉、文化认同、文化自信三个角度出发,即"通过这次活动,我更清楚地意识到自己有传承和弘扬中华优秀传统文化的历史使命""此次活动加深了我对中华优秀传统文化内涵的了解""此后我会更主动地了解中华优秀传统文化相关知识,或是主动寻找相关活动信息,或是选修相关课程""我认为中华优秀传统文化遗产应当被保护、继承和发展",分别赋予 15 分、10 分、10 分、10 分。

(五)参与基础

通过对访谈资料的分析,笔者发现参与者自身的基础也是中华优秀传统文化实践活动成功与否的影响因素,故以 25 分的较小分值将参与基础这一指标具象化为参与者自愿程度、文化基础和喜爱程度三个维度,每一维度设置了少量题项。

是否出于自愿、出于兴趣选择参与中华优秀传统文化实践活动会影响学生对于活动的整体评价；参与者对于中华优秀传统文化的掌握状况，可在一定程度上体现其对相关活动的兴趣与投入程度；与掌握状况类似，参与者对中华优秀传统文化的喜爱程度也会直接影响参与程度和对活动整体的体验评价。此处设置了5道5分的小题，用以评估参与者自身的基础，即"我自愿参与本次中华优秀传统文化实践活动""我在课外也会阅读中华优秀传统文化经典""我了解孔子、李世民、沈括、黄道婆等中华著名历史人物""我了解或掌握中华传统艺术，如书法、古筝、戏曲等""相比洋节，我更喜欢过中国传统节日"。

三、评估结果分析与应用

经过反复试验与对比，共确定了五个等级（见表6-4）。总体评估得分≥240分的中华优秀传统文化实践活动划定为精品，190～239分的判定为优秀。无论精品还是优秀，这两类实践活动质量均较好。尤其是精品，可在指导者的帮助下打造为系列品牌活动，优秀也可进一步发展升级为精品。160～189分的实践活动，评估结果为良好。130～159分的则界定为合格。大多数实践活动评估得分为130～160分，它们是本书研究的典型对象，亦是指导者和管理者应当积极发展、帮扶的重点。而得分130以下则判定为不合格，其组织及指导者应进行反思。

表6-4 高校学生社团中华优秀传统文化实践活动参与者体验评估等级表

总分	评估结果
240分及以上	精品
190～239分	优秀
160～189分	良好
130～159分	合格
130分以下	不合格

除总分外，还应关注核心指标的评估得分。例如活动预期、活动体验、活动反馈三部分评估分数之和不应低于其总分的45%，否则说明实

践活动开展存在较大问题。还有个别重要的占有高分值的题项，如活动预期中的"我认为参与此类活动对学习中华优秀传统文化是必要的"和活动反馈中的"通过这次活动，我更清楚地意识到自己有传承和弘扬中华优秀传统文化的历史使命"，这些是对应评估指标中的核心题设，若评估得分低于上限的50%，说明该环节需重新思考和定位。

最后要指出的是，评估者的个体差异会导致评估结果带有一定的偶然性和不稳定性。因此在进行评估的过程中，应选择多位评估人进行客观打分，并取其平均数参考。上述内容谨代表本书编写组观点，欢迎各位读者批评、指正和讨论。

参考资料

程锦，邱慧．优秀传统文化融入课程思政实施路径研究——以黄山学院徽州民歌创新开发为例［J］．黄山学院学报，2019（02）．

传承发展传统文化的四川探索［EB/OL］．(2019－06－30)［2022－02－21］．https://www.sc.gov.cn/10462/12771/2019/6/30/9d46a7861ef24df59a19bd86fc103f05.shtml．

传统文化正加快进校园步伐［EB/OL］．(2012－04－18)［2022－02－21］．http://edu.sc.gov.cn/scedu/c100494/2012/4/18/e8dbede6badd4a7d8859763b4ee44321.shtml．

共青团中央　教育部关于印发《关于在高校实施共青团"第二课堂成绩单"制度的意见》的通知［EB/OL］．(2018－07－05)［2022－11－1］．http://tuanwei.hfut.edu.cn/2018/0705/c842a167290/page.htm．

国家广播电视总局办公厅关于开展2021年"中华文化广播电视传播工程"重点项目申报工作的通知［EB/OL］．(2021－03－15)［2022－02－21］．https://www.163.com/dy/article/G63UUPHH0517CU73.html．

国家文物局启动2021年度"核心价值观"主题展览征集推介工作［EB/OL］．(2021－01－21)［2022－02－21］．http://www.ncha.gov.cn/art/2021/1/21/art_722_165404.html．

何盛明．财经大辞典（下卷）［M］．北京：中国财政经济出版社，1990．

胡锦涛在中国共产党第十八次全国代表大会上的报告［EB/OL］．(2012－11－08)［2022－10－13］．http://theory.people.com.cn/n/2013/0403/c359820－21013407－7.html．

教育部关于开展中华优秀传统文化传承基地建设的通知［EB/OL］．(2018－05－14)［2022－02－21］．http://www.moe.gov.cn/srcsite/A17/moe_

794/moe_628/201805/t20180523_336874.html.教育部关于印发《完善中华优秀传统文化教育指导纲要》的通知[EB/OL].(2014-03-28)[2022-05-15].http://www.moe.gov.cn/srcsite/A13/s7061/201403/t20140328_166543.html.

凯瑞.作为文化的传播:"媒介与社会"论文集[M].丁未,译.北京:中国人民大学出版社,2019.

李俊,龚雪萍.高校学生社团建设[M].杭州:浙江大学出版社,2021.

李雪萍,马发亮.论高校传统文化教育的"三结合"[J].四川戏剧,2019(06).

李宗桂.试论中国优秀传统文化的内涵[J].学术研究,2013(11).

李宗云.社团活动在高职校园文化建设中的功能定位及实施对策[J].职业技术教育,2011(23).

梁漱溟.梁漱溟全集(第一卷)[M].济南:山东人民出版社,1989.

刘献君.论文化育人[J].高等教育研究,2013(02).

卢先明.依托中国传统文化增强高校思想政治教育实效性[J].湖南师范大学教育科学学报,2010(04).

陆风.高校传统文化教育的价值诉求与路径建构[J].江苏高教,2015(01).

诺斯.制度、制度变迁与经济绩效[M].杭行,译.上海:格致出版社,2008.

钱敏."互联网+"背景下高校传统文化教育探析——评《高校传统文化教育的设计与规划》[J].中国高校科技,2021(05).

全国人民代表大会常务委员会关于修改《中华人民共和国教育法》的决定[EB/OL].(2021-04-29)[2022-11-05].http://www.npc.gov.cn/npc/c2/c30834/202104/t20210429_311309.html.

单世联.文化大转型:批判与解释——西方文化产业理论研究(上)[M].北京:中国社会科学出版社,2017.

斯道雷.文化理论与大众文化导论[M].7版.常江,译.北京:北京大学出版社,2019.

四川"三融入"落地落实优秀传统文化教育[EB/OL].(2019-07-05)

[2022－02－21]. http://edu. sc. gov. cn/scedu/c100494/2019/7/5/6feb1806a5704c68b0eb4b698d55ee09. shtml.

四川大学十佳学生社团评选制度[EB/OL].（2016－08－16）[2022－10－13]. https://sau. scu. edu. cn/info/1009/1456. htm.

四川大学团委. 川大共青团：用"四个一"创新中华优秀传统文化教育［J］. 中国共青团，2021（24）.

四川大学学生社团管理条例[EB/OL].（2017－02－28）[2022－10－13]. https://sau. scu. edu. cn/info/1009/1460. htm.

孙熙国. 中国优秀传统文化与当代青年发展［J］. 学校党建与思想教育，2011（31）.

泰勒. 原始文化［M］. 蔡江浓，编译. 杭州：浙江人民出版社，1988.

陶斯. 文化经济学［M］. 周正兵，编译. 大连：东北财经大学出版社，2016.

田青. 中国优秀传统文化内涵探析［J］. 遗产与保护研究，2016（03）.

王晓真. 中国优秀传统文化融入高校思政教育的价值与实现——以中国茶文化为例［J］. 普洱学院学报，2019（04）.

我省印发传承发展优秀传统文化实施意见 2020 年初步形成优秀传统文化传承发展体系[EB/OL].（2017－09－11）[2022－02－21］. https://www. sc. gov. cn/10462/10464/10797/2017/9/11/10433291. shtml.

习近平. 坚持中国特色社会主义教育发展道路 培养德智体美劳全面发展的社会主义建设者和接班人[EB/OL].（2018－09－11）[2022－10－30］. http://dangjian. people. com. cn/GB/n1/2018/0911/c117092-30284991.

习近平. 习近平谈治国理政（第一卷）［M］. 北京：外文出版社，2018.

习近平. 在中央党校建校 80 周年庆祝大会暨 2013 年春季学期开学典礼上的讲话［N］. 人民日报，2013－03－03（2）.

习近平. 高举中国特色社会主义伟大旗帜 为全面建设社会主义现代化国家而团结奋斗——在中国共产党第二十次全国代表大会上的报告[EB/OL].（2022－10－16）[2022－11－04］. https://www. 12371. cn/2022/10/25/ARTI1666705047474465. shtml.

习近平. 决胜全面建成小康社会 夺取新时代中国特色社会主义伟大胜

利——在中国共产党第十九次全国代表大会上的报告[EB/OL].(2017-10-27)[2022-10-23]. https://www.gov.cn/zhuanti/2017-10/27/content_5234876.htm.

谢守成,文凡. 新时代高校组织育人的逻辑定位、现实境遇与实施策略[J]. 思想理论教育,2019(05).

张岱年. 中国古典哲学中的优良传统[J]. 高校理论战线,1993(01).

张家勇. 美国大学的学生社团活动[J]. 比较教育研究,2004(04).

张明会,等. 以艺术社团建设为抓手推进美育弘扬中华优秀传统文化艺术研究与实践——以陇南师范高等专科学校为例[J]. 吉林省教育学院学报,2018(10).

张师帅. 论优秀传统文化在大学生思想政治教育中的价值及其实现[J]. 国家教育行政学院学报,2015(08).

郑杭生. 社会学概论新修精编本[M]. 北京:中国人民大学出版社,2020.

中共教育部党组 共青团中央印发《高校学生社团建设管理办法》的通知[EB/OL](2020-01-20)[2022-10-30]. http://ytw.hnie.edu.cn/info/1005/2841.htm.

中共中央国务院发出《关于进一步加强和改进大学生思想政治教育的意见》[EB/OL](2004-10-15)[2022-02-21]. http://www.moe.gov.cn/jyb_xwfb/gzdt_gzdt/moe_1485/tnull_3939.html.

中共中央 国务院印发《关于加强和改进新形势下高校思想政治工作的意见》[EB/OL](2017-02-27)[2022-02-21]. http://www.gov.cn/xinwen/2017-02/27/content_5182502.htm.

中共中央 国务院印发《深化新时代教育评价改革总体方案》[EB/OL](2020-10-13)[2022-02-21]. http://www.moe.gov.cn/jyb_xxgk/moe_1777/moe_1778/202010/t20201013_494381.html.

中国社会科学院语言研究所词典编辑室. 现代汉语词典[M]. 7版. 北京:商务印书馆,2017.

朱小芳. 青少年对中国传统文化的社会表征及其与民族认同感的关系[D]. 武汉:华中师范大学,2008.

朱艳红,陈一平,石艳玲.地方高校推进中华优秀传统文化教育工作的实践探索——以山东理工大学为例 [J].管子学刊,2014 (04).

GLASER B,STRAUSS A. The Discovery of Grounded Theory:Strategies for Qu-alitative Research [J]. Nursing Research,1967,3 (02).

HAWES J M. Investigation of Benefit for College Student Association Actions on Several Aspects [J]. American Secondary Education,1995 (32).

附录　"传统文化工作坊"新媒体平台转化推送文章案例

四川大学文学与新闻学院"传统文化工作坊"成立以来,师生通力合作,将中华优秀传统文化同现代议题有机结合,围绕弘扬中华传统优秀文化与社会主义核心价值观,最终筛选形成了15篇优秀推文范例。秉持开放、包容和互鉴的原则,本书将其中的两篇以附录的形式分享于后,请读者批评指正。

"四时行，百物生"
——中国古代自然保护思想小论

四时行焉，百物生焉。

——《论语》

一、引言

2021年10月12日，习近平主席在《生物多样性公约》第十五次缔约方大会领导人峰会上明确指出中国生态文明建设取得了显著成效，郑重宣布中国将持续推进生态文明建设的务实举措。[1] 随着近年来国际环境问题日益突出，生态文明建设逐渐被各国提上日程，中国也积极行动，提出"建设美丽中国"的目标，将生态文明建设提升到社会主义现代化的战略新高度。10月27日，国务院新闻办公室发表《中国应对气候变化的政策与行动》白皮书，提出加快构建碳达峰碳中和"1+N"政策体系，坚定走绿色低碳发展道路。[2] 这是近年中国在环保问题上雷厉风行的系列政策的一部分，反映了中国作为当今世界最大的发展中国家的生态治理决心。

中国坚定地走绿色发展道路，其中不无中华民族几千年悠久的自然保护思想的影响——"天人合一""道法自然"等观念正指引着新时代的炎黄子孙们站在人与自然和谐共生的高度来建设国家。

正如《论语》所言："四时行焉，百物生焉。"自然保护思想在中华民族几千年的岁月中绵延不绝、历久弥坚。

---

[1] 参见《坚定不移贯彻新发展理念，建设美丽中国——论习近平主席在〈生物多样性公约〉第十五次缔约方大会领导人峰会上主旨讲话》，载《人民日报》，2021年10月15日，第2版。

[2] 中华人民共和国国务院新闻办公室：《中国应对气候变化的政策与行动》白皮书，2021年10月27日。

二、古代中国的自然保护思想

(一)"天人合一"

中华文明是世界上最古老的文明之一,也是最古老的农业文明之一。从粗放的刀耕火种到精耕的稻作,体现了中华先民不懈的农业实践与探索。早期简单的农业活动必然伴随着粗放发展的生态后果,在先秦文献中常见相关记载:"夏后之王,烧增薮,焚沛泽,不益民之利""舜使益掌火,益烈山泽而焚之,禽兽逃匿""鲁人烧积泽。天北风,火南倚,恐烧国,哀公惧"。面对各种环境问题,先民在长期的农业实践中不断总结反思,形成了朴素的环境保护观念。这种观念不仅促进了中国早期农业的发展,而且与古代学术相结合,形成了人与自然和谐共生的世界观,即"天人合一"。

"天人合一"的思想最早由庄子提出,《易经》更是将天、地、人并立,并把人放在中心地位。这些观点被汉代大儒董仲舒发展成"天人合一"的哲学思想体系,后又得到宋明理学的进一步发展,并由此构建了传统文化的主体,成为中华民族五千年来的思想核心与精神实质,成为影响中国传统社会人们思维方式和行为指向的重要思想。

"天人合一"是中国古代哲学的核心概念之一,是人们共同的世界观与精神追求。历代哲人对"天人合一"作出了不同阐释,但无论各家所言"天"为何物,其核心观点始终一致,即强调人与世界的和谐统一关系。这种物我一体的世界观促使思想家们站在人类中心的立场上观照自然世界,进而认为人类社会的种种现象与自然现象具有一定的对应关系,人类的恶行也会通过自然现象得到反映。在这种朴素自然主义观念的影响下,中国古人形成了"人类-自然"二元一体的世界观,保护自然生态也就成为生存的必然选择。"天人合一"从古代社会实践中来,又反作用于古人的生产生活,从自发观念转向自觉要求,影响着中国人的生活与思维方式。

尽管古人未形成自觉的自然保护观念,但在"天人合一"观念的统率下,古代中国逐渐形成了人与自然和谐共生的生态观,其中就已经包含具有普适意义的自然保护思想。这一点在历代文献中均能见到相关论述：孟子提出"仁民爱物"，将"仁"同对自然万物的爱护并置，把对自然的关注纳入普遍的政治伦理范畴；《淮南子》认为"譬吾处于天下也，亦为一物矣"，认为人与世界上其他物类都是自然界的有机组成，主张主动探索自然规律，实现人与自然和谐共生；宋明时期的理学家提出了"万物一体"的仁学思想，继承了孟子将自然保护作为普遍道德要求的看法，又发展出"仁者以天地万物为一体"的整体自然观，与之类似的还有张载的"民胞物与"思想等。

总而言之，"天人合一"作为中国古代哲学的核心观念之一，其"人类社会－自然世界"二元一体的基本框架与自然保护的要求相适应，为中国古代自然保护工作提供了哲学和理论上的指导，推动形成了和谐共生的生态观，中国传统自然保护思想也在这一思想范畴内展开，最终发展成为中华民族生存繁衍的重要精神屏障。

"顺天之时，约地之宜，忠人之和，故风雨时，五谷实，草木美多，六畜蕃息。"古人正是怀着这样的期待与天人合一的忠诚信仰，一犁一犁地创造着一个万物和谐的世界。

（二）"斧斤不入山林"

荀子被认为是先秦思想家中对自然保护关注最多的一位。他曾提出"草木荣华滋硕之时，则斧斤不入山林，不夭其生，不绝其长也"，反映了兼传儒法两家学术的荀子对环境问题的基本看法：以制度规范人类活动，从而推动生态和谐。这也是中国古代大多数思想家面对生态困境的一致观点。

从周朝以来，古代中国王朝基本延续了以国家行政力量推动自然保护的做法。在"天人合一"观念统摄下，中国形成了庞大的自然保护律令系统和与之相适配的具体制度。它们帮助王朝将巨大的行政力量伸入人民生产生活的末梢，以严格的禁令维护自然环境与生态平衡，也推动以"天人合一"为纲的自然保护思想不断固化积淀为中国人自觉的生存法则。

《伐崇令》被认为是国内外最早的环境保护法令，对伐木、牲畜等作出了明确限制。此外，先秦时期还有《野禁》《四时之禁》等，意在保护自然资源，是中国古代"时禁"政策的重要源头。秦简《田律》是现今保存最完整的古代环境保护法律文献，针对旱涝治理、农林耕作、鸟兽捕杀等均有具体且明确的规章与奖惩说明。《唐律》以具体的惩处条例规范环境问题，将前人的生态智慧进行凝练，形成了在当时趋于完备、逻辑严谨、范围全面、准确细致且行文规范的自然保护律法。北宋王朝强化了资源与环境保护方面的立法与执法，进一步细化了自然保护的对象、方式及规章。明清两朝则多沿用唐制，专门设有资源和环境保护法条，更发展出新的机构处理环境问题，如清代设专管水利的职位，并设堡保护水道，这种办法也沿用至今。

中国古代自然保护的另一项重要举措是设立了众多的自然保护区，如《旧唐书》记载，当时的政府把京兆、河南两都四郊三百里划为禁伐区或禁猎区，通过设置"自然保护区"的方式来保护自然资源与生态环境。这些律令和制度是中国古代自然保护思想在行政上的具体体现，更是古人留下的关于自然保护的重要智慧。

三、中国古代自然保护思想的当代传承

习近平总书记指出："人类应该以自然为根，尊重自然、顺应自然、保护自然……要顺应当代科技革命和产业变革大方向，抓住绿色转型带来的巨大发展机遇……让良好生态环境成为全球经济可持续发展的支撑。"[1]

新中国成立以来，在党的领导下我国制定了一系列自然保护相关方针政策，从环境保护基本国策的提出，到可持续发展的国家战略，再到建设资源节约型和环境友好型社会，生态环境保护的战略地位不断提升。与之相随的是众多自然保护方面的突出成就，如环境保护法律体系的完善、"三北"防护林工程的推进、"三废"治理成效突出、节能减排、土地荒漠化控制、水土保持工作进展突出等。

毫无疑问，这些瞩目成就的背后是整个中华民族传承几千年的深刻智慧。"要像保护眼睛一样保护自然和生态环境""绿水青山就是金山银山"，

---

[1] 习近平：《共同构建人与自然生命共同体——在"领导人气候峰会"上的讲话》，载《人民日报》，2021年4月23日，第2版。

这些无疑是古代中国智慧在新时代的新阐释。在"天人合一"思想框架内发育繁茂的中国古代自然保护思想穿越千年的时空，正在中华人民共和国的沃土上重新生根，与马克思主义指导下的中国特色社会主义伟大实践相结合，在社会主义现代化事业的光辉进程中得到了延续，并催生出新的果实，成为新中国广大人民生态保护基本观点的重要组成部分。新时期建设"美丽中国"、包含生态文明在内的"五位一体"总布局与新发展理念正是它的具体表现与凝结。

"春日迟迟，卉木萋萋。仓庚喈喈，采蘩祁祁。"从《诗经》时代古人对自然风物的吟咏中，我们或许能感受那传承千年的对自然朴素而热烈的情感。这份亘古不变的执念汇入了春天破冰的暖泉，流淌在夏天苍翠的树边，随秋天结出的硕果一道，化在了冬天纯洁的瑞雪中，沟通着一个庞大的传统与她的文明的孩子，终将成为他们迈向前路的助杖，指向一片明亮的远方。

"我善养吾浩然之气"
——谈中国式民族英雄

华夏文明绵延数千年，孕育了中华民族坚韧、刚健的民族品格。在此基础上，诞生了数之不尽的，同西式"超级英雄"截然不同的独特民族英雄形象。本文中的"民族英雄"不是指广义上的为本民族发展繁荣做出杰出贡献的人物，而是指与"超级英雄"形象相对的，具有中国本土特色和中华民族品格的英雄形象，是中华民族团结统一、爱好和平、勤劳勇敢、自强不息的民族精神的外化形象。

一、孟子："吾善养吾浩然之气"

当我们讨论中国传统道德哲学时，儒学总是不可避免的。中国传统的英雄观自然也有其儒学依据和发源。中国式民族英雄的源头可以上溯到战国时代诸子的建构，即"义气观"，具体可以孟子提出的"浩然之气"为源头：

> 公孙丑问曰："敢问夫子恶乎长？"曰："我知言，我善养吾浩然之气。"

这是《孟子·公孙丑上》中的内容，也是孟子提出"浩然之气"概念的源头。浩然之气在孟子哲学中具有重要的地位，是其核心观点之一。同时，这一概念在传统儒家哲学中也保有持久的生命力，推崇孟子的宋儒就尤其重视"浩然之气"，如文天祥《正气歌序》、苏轼《潮州韩文公庙碑》都直接引用了孟子的原话，来表达自己对人格力量和道德气质的追求与理想。

能够在儒家浩繁广博的思想体系中长期存留的"浩然之气"，其强大生命力显然不止于它对道德和人格力量的描绘——"浩然之气"的意义更在于，它是儒家对生命感性-道德理性的深刻思索。孟子对浩然之气作出了一系列解释与规定：首先，"浩然之气"之"浩然"是其性质，孟子解释为"至大至刚"，是一种无可匹敌的精神力量。其次，浩然之气是需要培养的——这就赋予了浩然之气以生命的品格。要想培养浩然之气，需要以正直的人格品质来滋养它，用仁义和道德来配合它。浩然之气的形成是义的积累，同时也不能忽视善行，因为一旦个体的行为有违自己的内心理想，浩然之气就会疲竭。许多人认为这样的义是客观的外物存在，但孟子指出义是内在的主观精神品格，其获取是需要修行积累的，不能操之过急而助长。

在浩然之气中，道德（义）凝聚为生命力量。在孟子这里，个体人格所包含生命性质的精神力量同他的道德主体所包含的理性精神力量相互交融，生命的感性与道德的理性通过孟子的自我修养统一在了孟子这个个体之中。"集义"的道德凝聚化作"气"，从而使孟子培养起了具有生命品格的浩然之气，拥有了浩然之气的巨大主体性力量，其性质是"至大至刚"的浩然，所以孟子本人也具备了刚强的品格。

可以看到，孟子的核心逻辑是将作为物质存在的气与精神品格之义相结合，从而使生命的感性力量与道德的理性力量共存于浩然之气中。其内容是主观的精神力量，形式则是客观的气，因而又是主观和客观的统一体。李泽厚提出："孟子则最早树立起中国审美范畴中的崇高：阳刚之美。这是一种道德主体的生命力量。"[①] 这一观点具有两重意义：一是先秦理性在孟子这里发展为伟大的人格理想，二是这种阳刚的人格理想是儒家推崇的道德理性同作为人本身的生命感性相统一的存在。所以，儒家传统中义薄云天的楷模形象既是浩然之气的表征，更是它的内涵。

二、义气与英雄

从孟子"浩然之气"说发源的义气观，核心在于"义"。儒家认为，"义"是一种正当的行为，各种正当行为集合升华后就是"道义"。义的内涵具有多样性，在"经济人"与"自然人"的矛盾中，"义"是"利"的对立面，儒家利用"义"来强调道德力量的重要性，即《论语》所言"君子喻于义，小人喻于利"。在个人道德方面，"义"是君子的重要品格，如韩愈《原道》："博爱之谓仁，行而宜之之谓义，由是而之焉之谓道，足乎

---

① 李泽厚：《华夏美学》，天津社会科学院出版社，2002年版，第72页。

己无待于外之为德。"又如《春秋繁露·仁义法》："以仁安人，以义正我"，"义"又是自律的道德标准。可见，义不仅是外在的客观规范，还是内在的个体人格修养，即李泽厚在《论语今读》中所言："与'仁'相对应，'义'作为行为准则规范，是儒学的道德伦理的最高范畴（'仁'则超道德），它既是绝对命令（categorical imperative）又是自律要求（moral autonomy）。"①

义气塑造了中华民族刚健坚韧的民族品格。在儒家规范打磨中华民族性格的过程中，义作为最高的道德标准，成为中国人努力追求的理想，对塑造民族集体英雄气质起到了重要作用。从"待从头，收拾旧山河，朝天阙"的岳飞，到"人生自古谁无死？留取丹心照汗青"的文天祥；从"我自横刀向天笑，去留肝胆两昆仑"的谭嗣同，到"顶天立地奇男子，要把乾坤扭转来"的孙中山，他们的行动都立于民族和国家之基，无不是实践了"义"的精神，无不是对义气的最好诠释。

孟子提出的"浩然之气"强调了作为伦理学的道德主体人格的呈现和光耀，且任何外在形式所表现的恐惧和悲惨都不能同这种刚强伟大的道德力量相对应，突出了道德力量的无可匹敌。这种对个体力量的张扬从正面突出了主体与客体、人与自然、感性与理性等矛盾冲突，具有强烈的情感。浩然之气彰显了实践主体巨大精神力量的无限性，暗示着人类运用主体力量在矛盾斗争中争取统一和征服外在客体的必然性——这是怀有浩然之气者英雄性之所在。由于儒家学说在建构中华民族文化心理结构的过程中发挥着核心作用，义气观自然也成为中国人英雄观的重要内核，浩然之气因而成为中华民族英雄品格的外在表现和内在追求。

三、"民族英雄"与"超级英雄"

近年来，以好莱坞英雄形象为代表的西式"超级英雄"在世界范围内广泛传播，其典型形象往往是具有超人力量的绝对个体，在法律之外行侠仗义，维护公共秩序，"超级英雄"也逐渐成为英雄的代名词。与此同时，认为以中国为代表的东方文化中缺少英雄的观点甚嚣尘上，诸如"中国没

---

① 李泽厚：《论语今读》，天津社会科学院出版社，2007年版，第31页。

有英雄"的言论频出。对此，不少人提出以孙悟空等神话人物形象对标西式英雄——这实际上陷入了西方"超级英雄"的英雄范式，迎合了以"超级英雄"形象为英雄代表的观点，片面地认为所谓英雄就只有超级英雄一种形象表征，不仅忽略了英雄之为英雄的精神内核所在，更没有认识到中华民族独特的英雄品格。

许慎《说文解字》中，"英"释为"草荣而不实者"，即原义为草生繁茂。又"瑛"古常作"英"，盖为字义分化，加注义符而造。"瑛"，《说文解字》释为"玉光也"，引申为像玉的美石。玉石是美好品德的象征，盖为"英""才能出众者"之引申义的来源。"雄"字《说文解字》释为"鸟父也"，引申为男性的概称，又引申为强健有力的人或国家之义。二字并列连用，即"英雄"在《汉语大词典》中的释义为"非凡杰出的人物"。可见，英雄之为英雄的内核在于其作为个体的杰出才能或卓越贡献，在西方是为个体的超人力量，在中国则落到族类总体的发展上来，这是两种英雄形象矛盾的核心。

将"超级英雄"与"民族英雄"并置对比，可以看到中西方英雄形象的诸多差异：

首先，西式超级英雄是个体的超人，而中式民族英雄的英雄性融入民族之生存与发展中。这一对立是个人主义与集体主义矛盾在英雄观上的体现。西式的超级英雄统一表现为超人形象，突出其个体力量的强大，立足点在于实现个体人格的张扬和个人价值的扩张，在建构超级英雄形象时通常要求英雄扭转危机形势、拯救弱势群体等，在英勇行为中凸显个体力量。而中式民族英雄往往以民族集体利益为先，在推动民族发展的过程中实现自我价值，对民族英雄的建构也往往在争取民族利益、维护民族尊严的过程中完成。

其次，超级英雄往往具有时代性特点，是具体历史时期中对模范个体的想象。而民族英雄则是历史性的，通常与历史叙事相结合，在民族发展历史中逐渐固定下来，因而具有普遍的、超时空的集体形象特点。这也是中华文化强大延续性、一贯性的体现，是华夏文明统一稳定的历史实践的必然产物。

中西方社会实践和意识形态的差异是双方形成截然不同英雄观的重要

因素。以西式超级英雄为例，西方现代社会公共秩序的核心在于维护公共安全，因此安全职能部门不需要对每一个公民个体负责，他们的首要职责是保证公共安全。于是，一个个具有超人力量的绝对个体被想象出来，塑造为全能的英雄，以随时拯救民众于水火之中。超级英雄是超越公共秩序之外的存在，在全能的前提下，他们之所以能尊重当下秩序格局，根本在于其个体的道德选择，这是超级英雄之所以是个体性英雄的根本所在。

与超级英雄不同，中国式的民族英雄不是在社会秩序危机中诞生的，也不是超越秩序的个体，不具有巨大的个体伟力。相反，他们是中华民族发展史真实的一部分，他们的活动是人民这一推动社会发展关键力量的集中体现。同理想化的超人个体不同，民族英雄是中华民族发展的重要推动者，他们的能力和品格在实践中得到彰显，具有深刻的实践品格。

中华文明是世界上唯一保持延续不断的古文明，统一与稳定是中国历史的主旋律。稳定的统一国家一直是中华民族政治实践的重要理想，这赋予了中华民族以强大的内向力量，孕育了灿烂的文明成果。这种向心力对内表现为稳定发展的民族共同愿望，对外体现为强大的民族凝聚力和团结统一观念。儒家道德伦理要求个体向国家和民族利益靠拢，因而以儒学为基础的社会评价体系均指向民族的整体发展、个人价值与民族利益的高度统一——这种内向的、集体的道德力量正是民族英雄观形成的核心原因。

四、总结

"义"作为中国独特的文化精神，是中华民族文化心理结构的重要组成，在长久的历史实践中凝结为中国人本能的情感与理想，是中华民族之所以绵延数千年而仍傲然于世界之林的重要原因。在世界日益开放、文化日益交汇的今天，强调以"义气"为核心的本土民族英雄观，重拾孟子养浩然之气的英雄自觉，对于在西式"超级英雄"的文化输出中打出"中国式英雄"的招牌，树立民族自信和文化自信具有重要意义。

后　记

自本书的研究启动以来，"传统文化工作坊"的成员倾注了大量的心血。从选题确定到访谈开展，从资料收集到分析论证，编写组的师生经历了多次讨论，并在不断的修改和打磨中尽力优化内容。回看过去的编写大纲和修改稿，心中不免感慨这一成果的来之不易，尽管它看上去还有一些不足和瑕疵，但能够以团队合作的形式将研究尽量完整、科学地呈现出来已经是一件颇为难得的事情。希望读者宽容书中因我们自身水平局限而导致的些许不足，同时，也恳请各位读者给我们提出宝贵的意见，我们将在后续研究中加以补充和改进。

在编撰的过程中，本书编写组受到了许多同仁和组织的支持。首先要感谢的是四川大学校团委的老师与学生干部们，尤其是社团联合会的老师和学生骨干，感谢他们在编写组收集经验资料的过程中给予的重大协助。其次要感谢受访的 46 名专职教师和社团骨干，感谢他们能够实事求是，在访谈中畅所欲言，为我们提供了丰富的文本材料。最后，还要感谢"传统文化工作坊"的成员，他们是：陈琰、王意清、付广振、王雨欣、陈甘露、李姿星、张楠萱、李语曦、马瑞雯、王雪蕾。是大家的支持和帮助进一步促成了本书的问世。

书山有路、学海无涯，编写组全体师生将以此书作为序幕，沿袭本书的思路，承接本书的基础，在未来的学术研究中继续观照高校社团与中华优秀传统文化传播这一主题，做出更加有深度、有价值的研究成果。

本书编写组
于四川大学江安校区
2023 年 1 月